Ｂ面がＡ面にかわるとき　増補版
長坂 常

When B-side becomes A-side
Jo Nagasaka

はじめに

僕の建築との出会いはボードのパテ塗りバイトだった。高校卒業後、一度大学に入ったものの、ほとんど学校にも行かず、イベントなどを企画し毎晩のように遊んでいた。ただ、遊びといっても、それなりに創作的なことを考えていた。当時、小遣いもさほどない中、僕にしては大枚をはたきライブや映画、舞台などに比較的頻繁に足を運んでいた。ただ、大枚をはたいている分、その期待がいつも大きすぎて、既にそのショーの前に気持ちはピークをむかえ、会場では想像通りのショーを前に、物足りなさを感じると同時に想定通りの喜び方を強いられる感じに居心地の悪さを感じた。

当時、その状態を"予定調和"と呼び、そうならない表現というのはどんなものかを考えていた。そして、友人を説得し、一緒に企画を考え、色々なイベントを催した。ただ、その目標は非常に難しく、なかなかうまくいかなかった。そんなおり、急に周りの友達を見て、楽器ができたり、映像がつくれたり、絵がかけたり、演技ができたりする中、僕だけが何の技能を持っていないことを不甲斐なく思った。そこで、当時、ショーのセットなど、誰もつくり手がいなくやっていたポジションを少し掘り下げてみようとおもい、内装デザインに興味を持ち、デザイン事務所でバイトをするようになった。でも、そこはデザインと施工をする会社で、僕のバイト枠はデザインではなく施工だったことに入って気づいた。ただ、施工は施工で面白く、僕は中でもパテ塗りにはまった。そんなところで「建築って面白い」と壁をさすりながら思った。

ただ、パテ塗りの先に"予定調和"を崩すビジョンは描けず、東京藝術大学美術学部建築科で建築を学ぶことになった。それまで数人の建築家は知ってはいたものの、それはほとんど一般の域を超えない程度の知識で、大学に入って物理学を学ぶように、アカデミックな建築設計を学びだした。あまり、理解もなく幾何学を使い、白い材料で模型を作り、先輩方のうんちくをまね、コンセプトをたて、模型や図面に打ち込んだ。もちろん、それは十分知識欲を満たし、そして創造力をかきたてる刺激的な勉強だった。ところが、卒業後間もない、あまり代官山や恵比寿などに慣れていない頃、当時期間限定で恵比寿に存在したCafe guestに友達につれて行ってもらったときに、ふと考えさせられることがあった。そこは本来表に現れないささくれ立った木材などチープな材料をふんだんに使用し、明らかに従業員自ら作ったと思われる荒っぽいお店だった。夜になると怪しげな灯りがつき、かっこいい人たちがどこからともなく集まり、中には犬までいて、かっこいい音楽が流れ、開放感に満ちた素敵なお店だった。いまや、そんなお店も沢山あるかもしれないが、当時は僕の知る限りあまりなく、そのかっこよさにみとれていた。

そのとき、僕が大学で学んできたかっこよさと、目の前に見えているこれまた一応建築と呼べるかっこよさとの間に大きな溝を感じ、「自分はどっちを目指すのだろう」と漠然と思った。

それから、今まで約10年、その2つのかっこよさの間を行き来し、家具から建築まで手がけてきたが、その2つが交わることはあまり想像してこなかった。しかし、最近その距離が少し縮まりそうな気がしてきた。

Introduction

My encounter with architecture was a part-time job at a construction site; my job there was to apply putty on gypsum boards. After graduating from high school, I entered the university, but soon I stopped going there, and started going out at night. I didn't just play around: I had some opportunities to do something creative, like organizing nightclub events.I had spent most of my small money to buy tickets for concerts, movies, theaters etc. But every time I went to see a performance, my expectation was too high, and I felt kind of disappointed to see an 'expected' performance, which was exactly what I had imagined in my head. And I found it uncomfortable to see the excited audience, feeling that they were also acting excited and happy 'as expected.'

I called this phenomenon "expected harmony" and tried to find some ways to break such uncomfortable pretense. I persuaded some of my friends and organized various events together. However, it wasn't so easy. People around me had various abilities; musician, filmmaker, painter, actor and so on, and I realized that I didn't have a particular ability. Since I was in charge of making stage sets and other things, I wanted to know more about design and construction. So I started a part-time job at a design office. The office dealt with both design and construction, and it turned out that my task was actually construction, not design. However, I found construction work very interesting. I particularly enjoyed applying putty on gypsum boards with a trowel. While running my trowel on walls, I was beginning to think that architecture was fun.

However, working as putty-man did not guide me along my way to breaking the 'expected harmony.' I decided to study further and enrolled in Architecture Department of Tokyo University of the Arts. I had known names of a few architects, but didn't know much about architecture. I began studying architecture, following the very academic method, just like learning physics. I tried using 'geometry' although I understood it very little. I made many white models, sketches and drawings. I tried using these sophisticated terms I learned from senior students, and tried to come up with creative 'concepts.' Studies at the university were of course very satisfying and exciting, and helped me cultivate my creativity. Shortly after I graduated from the university, I had a chance to visit "Cafe Guest" in Ebisu. It was open for a limited period. Cafe staff built it by themselves. They used very cheap and rough material usually used as substrate for architectural finishes. At night, the space was dimly lit, and it became a gathering spot for cool folks and occasionally dogs. There was this air of open-mindedness, and we enjoyed great time and good music there. I liked the space. It was very cool and lively.

But I felt a big gap between this lively architecture and 'academic' architecture that I had studied in the university. I wondered, "Which one should I choose?"

Ten years passed, and I am still going back and forth between the two aspects of architecture. I worked on various projects, from furniture to architecture, but I didn't expect that bridging the gap between the two would be possible. But lately I feel that I am starting to narrow that gap.

もくじ

2	はじめに
6	B面がA面にかわるとき
66	重層的建築
174	建築における「普段」

作品
8	Bench 2
10	NADiff a/p/a/r/t
14	Utrecht @IID
16	円山町の部屋
18	FLAT TABLE
22	カリガリ
24	Sayama Flat
68	奥沢の家
178	happa

奥沢の家についてのエッセイ
82	スネ夫の家
84	外壁のリノベーション
86	落書き建築
88	プロポーズにカーテン
90	陸屋根と三角屋根
92	屋根の上のベンチ
94	形がない
95	テクスチャがある
96	僕たちの身の回りにあるものは、本当はかっこいい。

寄稿 I
34	純粋なブレ／青木 淳
38	正直さが導くこと／田中功起
44	肯定としてのリノベーション／岡田利規

寄稿 II
146	フレーミングとオブジェクト──長坂常のリノベーション作品について／千葉雅也
151	建築的牢獄からの脱走──《Sayama Flat》について／門脇耕三
156	無関心なざわめき／浅子佳英

対談
182	なかむらしゅうへい×畠中啓祐
188	あとがき

Contents

3	Introduction
7	When B-side becomes A-side
67	Multi-layered architecture
175	"Fudan": ordinary, everyday / no end, everlasting

WORKS
- 8 Bench
- 10 NADiff a/p/a/r/t
- 14 Utrecht @IID
- 16 Room in Maruyama-cho
- 18 FLAT TABLE
- 22 Karigari
- 24 Sayama Flat
- 68 House in Okusawa
- 178 happa

Essays on House in Okusawa
- 114 Superficial luxury
- 116 Facade renovation
- 118 Scribble architecture
- 120 Curtains and honeymoon
- 122 Flat roof and pitched roof
- 124 Bench on the rooftop
- 126 No form
- 127 On texture
- 128 Ordinary existing things are worth paying attention

Contribution Part Ⅰ
- 50 Genuine diversion / Jun Aoki
- 54 Where our honesty leads us / Koki Tanaka
- 60 Renovation as affirmation / Toshiki Okada

Contribution Part Ⅱ
- 146 Framing and Object: Renovation by Jo Nagasaka / Masaya Chiba
- 151 Escape from Architectural Prison: Thoughts on Sayama Flat / Kozo Kadowaki
- 156 Detached Noises / Yoshihide Asako

Conversation
- 182 Shuhei Nakamura × Keisuke Hatakenaka

189 Afterword

B面がA面にかわるとき

この本で取り上げるプロジェクトはスキーマの中でB面と呼んでいるプロジェクトにあたる。

僕は大学を出たなり自らの事務所を構え、設計活動を開始したためか、方向が定まらないままデザイン活動を始めた。当然、オリジナルなデザイン方法が確立していないので、毎回一から考え、デザインをしていた。仕事の内容も当然選べるわけもなく、その度に異なったクライアントに、異なったデザインを提案した。そのため、いつの間にかスキーマの作品群が多重人格化し、自らそれを見て迷走した。時に「やはりデザイナーたるもの傾向を持ってデザインをしなければならない」と思い試みたこともある。ただ、周りの状況として既にそれを許すわけもなく、そしてその努めに自ら興味をもてず、また迷走した。

あるとき、《Sayama Flat》を手がけることになった。そして、完成した。最初、それがあまりに異例のプロジェクトだっただけに、個人的にはかっこいい作品と思っていたものの、他人から誤解されるのではないかと思い、スキーマとして発表すべきか悩んだ。その時、自分の気持ちのおさまりどころとしてB面という言葉を借用することにした。ちょうど、同時期に竣工した《63.02°》というプロジェクトがあり、それをA面と呼んでいる。それ以降、作品に対する傾向の悩みはなくなり、全てのプロジェクトをA面、B面で分けることにした。

ただ、日本国内では意外にB面に興味を持つ人が多く、このままいくとB面がA面にかわる。これがスキーマだけの話だと、単にスキーマがB面ということになり、何も面白くない。

いま、僕たちがB面といっている対象をきっちりと体系化し、その価値を皆に理解させられたときこそ、まさに『B面がA面にかわるとき』となる。僕は《奥沢の家》の延長線上にその可能性を感じ、その先に美しい町を想像する。

When B-side becomes A-side

All works in this book are categorized as "B-side" projects of Schemata Architects.

The word "B-side" might not be familiar to young people. "B-side" means a reverse side of a record. Single record usually features two songs; A-side features a hit song, with catchy and simple melodies that everyone can sing along with. On the other hand, B-side features a less commercial but more 'real' song that artist can express their best. Serious fans prefer B-side songs, and they can listen to them repeatedly and enjoy in many different ways.

So let me tell you this before you start. Stories in this book must be played over and over again, to enjoy and understand them in many different ways.

Now I am getting back to the main story. After graduating from university, I immediately started my own practice without any work experience at other architectural firms. Since I still didn't have my own design method, I always tried all possible design methods I could think of, when I started a new project. After several years I realized that all our works had very different characters.

I felt that our work started to show multiple personalities, and tried hard to get away from it. Sometimes I tried to establish my "signature style" as a professional designer, but it was already too late- and such effort did not interest me either. And I went astray again.

At some point in my career, I was given an opportunity to work on Sayama Flat project. And it was eventually completed. It tuned out to be such an unusual project - so different from my previous works. At first I wasn't sure if I should publish it as a part of our portfolio, then finally I decided to name it as "B-side" project of our office. During this period, I also finished a project called "63.02" and I named it as "A-side" project. After that, my dilemma has ended and I started to simply categorize our works into "A-side" and "B-side".

People tend to take more interests in our "B-side" projects rather than "A-side projects, especially in Japan. I expect that "B-side" will probably become "A-side" soon. But it doesn't mean that we are satisfied with making "B-side" projects only.

We should clearly define what we intend to do in 'B-side' projects, so that people understand its values. Then, B-side will actually become A-side. We see potential in projects like 'House in Okusawa': we will proceed in this direction, envisioning a beautiful city ahead of the road.

a chair+a(duck-legged)chair+a chair+a chair+a chair+a chair ⇒ a bench
いらない椅子を6つ集め、その上に板をのせたベンチ。どこにでもありそうな椅子を集め、これを簡単な操作でほしいと思えるものにかえられないかを考えた。流石に座面をつなげただけでは何にも化けない。かといって色を塗ることも違う気がし、途中色々作品にする手立てを考えた。
結果的には座面より上を共通に研磨し塗装をはがしたところで完成した。「NEW TOKYO COMTEMPORARIES」出展作品だった。結果的に、大きすぎたのか購入希望者は出てこなかった。

a chair+a(duck-legged)chair+a chair+ a chair+ a chair + a chair   a bench
I collected six chairs, which were no longer in use. I put them together and placed a wood board on top, and made a bench. I wanted to transform these unwanted ordinary chairs into attractive furniture with a simple design solution. It did not make any difference by merely putting the seats together. Painting them was not a good idea. I thought about many possible ways during the production.
Final solution was to put the seats together and sanded it, to peel the paint away and expose the wood surface. It was presented in "New Tokyo Contemporaries" exhibition. Maybe it was too big – no one wanted to purchase it in the end.

Bench 2

March, 2008
Works: Bench 2

NADiffの青山からの本店移転に伴いかかわったプロジェクト。この計画では蔵書量、オペレーション、さらに家具まで青山から引き継いだプロジェクトで、僕たちは引き継いだ家具を中央に置き、通路を挟んで線対称になるように反転した形を作り、白で塗り、壁側に設置した。また、建築工事中の不備によって生まれた凸凹の床まで引き継いだ。その凸凹に松煙を混ぜたエポキシを流し込みフラットな面を作った。黒い半透明な液体は既存躯体の凹部で重なり深い黒になり、凸部では薄さから透明になる。つまり黒い海があるとすれば、遠浅の海のような模様が床に作られた。

それからもう1つ。先に記した《Bench 2》もピアノ塗装で再リノベーションし、扱いやすいよう、少し分割して引き継いだ。

This project is interior design of new space for NADiff, Art shop/gallery for contemporary art in Ebisu. They moved their main shop to this location from Aoyama. All books, operating system, and furniture from Aoyama shop were brought in to the new space. We made furniture in the same design but in different color. Then we divided the space in two zones, by placing the old furniture and the new one on each zone. The existing floor was uneven from inaccurate construction, so we poured epoxy mixed with pine ash on the floor to create a flat surface. The transparent black liquid made different shades of black, following the uneven surface on the floor. It looked like gradation of color of the gradually shoaling black sea (if there is one)..
In addition, this shop inherited "Bench 2" introduced earlier: we renovated it again by finishing it with piano paint and cutting off some parts for easy handling.

NADiff a/p/a/r/t

July, 2008
Works: NADiff a/p/a/r/t

池尻中学校跡を利用したコラボレーションスペース・IID世田谷ものづくり学校のエントランスに3週間限定のユトレヒト臨時店舗を1日で作った。ワークショップ参加者に"平面が作れて学校らしいもの"を建物の中で集めてもらい、それを約高さ800mmに各平面をあわせ配置した。

I built a temporary shop for Utrecht, open for three weeks only, at main entrance of IID (Ikejiri Institute of Design.) IID is a collaborative space located in the former Ikejiri Junior High School building. This project was constructed in a day.

I organized a workshop for this construction, and asked participants to bring any objects from the school building based on these conditions; select material you make flat surface with; and the material has the school-like atmosphere. We arranged and installed all objects at 800 mm above the floor

Utrecht @IID

December, 2008
Works: Utrecht @IID

渋谷区円山町、ラブホテルや風俗店などが多く軒を並べる地域での計画で、本計画では積極的に外の風景を室内に取り込むリノベーションを試みた。この地で外の風景から絶縁し、36.5㎡の中だけでかっこよくしても、かっこよくすればするほどラブホテルとの距離が縮まる。

さらにこの建物がワンフロアに2軒しか部屋がない。そのため、その部屋の3面が外壁と接し、残りの1面も共有階段へのアプローチとなるため、4面共に建具があり、しかもそれぞれの形がまちまちだった。そのため、外界やそれぞれの建具の古さを消し去ることは難しく、まず、それをホワイトキューブに飾られた常設の絵として受け入れることにした。また、その建具の他に風化した天井や古いコンセント、そして古い分電盤などを白い壁に適度な距離をとりながら残し、ベランダに回りこんでくる外壁の色までもつなぎとめ、東京っぽい鈍い黄色の町並みとインテリアをつなげた。

This is a renovation of studio apartment in Maruyama-cho. I intended to positively bring surrounding views into the space. Maruyama-cho, located back to back with the busy commercial district of Shibuya, is a place for night entertainment; bars and so-called 'love-hotels' are lined up on the back streets. It is not worth trying to keep away from the surrounding settings and make a stylish building, because such deliberate stylishness would be associated with the surrounding love hotels.

This building has only two apartments per floor. Therefore, three sides of the apartments face outside, with one side adjacent to the exterior stairway. As a result, all four walls had windows and doors in various shapes, and it was impossible to erase these old doors and windows. And I decided to regard them as 'pictures on the walls' inside a white cube. I kept some existing old elements such as dried-out ceiling finish, outlets, and panel boards as they are at appropriate intervals, and as well as old paint of exterior wall on the balcony, with an intention to integrate the interior space with the yellowish colors of Tokyo urban scape.

円山町の部屋

July, 2008
Works: Room in Maruyama-cho

これは《Sayama Flat》のモデルルームで使用したテーブルを引き取ったものの、天板がガタガタで僕たちのような仕事をしているとこの凸凹は問題があり、その凸凹にピンクの染料を混ぜたエポキシを流し込みフラットな天板を作った。その凸凹によってピンクの濃淡が生まれ、もし、ピンクの海があるとするならばと想像する、まるで遠浅の海のような模様が天板の上に出来た。

I received this table used in model room of Sayama Flat. But the top board was really bumpy and it was impossible for us architects to work on it. So we poured pink epoxy on top to make a flat surface. It made the wave-like pattern on shallow beach in different shades of pink, responding to the bumps and inclination underneath.

FLAT TABLE

December, 2008
Works: FLAT TABLE

田町駅前を通る15号線沿いにある間口1.5間のうなぎの寝床の居酒屋をカレー屋に改装した。おそらく、毎日通勤時に前を通る人にとっては立ち寄らずとも一つの風景としてなじんできた居酒屋であろう。その居酒屋の店構えを引き継ぎ、カレー屋にかえたらどうだろう？と考えて作った。つまり、異素材でトレースしたらどうなるだろうと考えたのだ。それは《Sayama Flat》を通して湧き上がってきた「果たして本当に目の前に見えているものはカッコ悪いのか？」といった疑問の検証だった。

具体的にはほとんど形自体はかえず、ところどころに既存の質感を残し、単一のMDFで仕上げるだけでどこまで変化を遂げるかを試した。

結果的に、大分変わった。そして、カレー屋を通り越し、カフェのようにおしゃれなカレー屋になった。近くの会社で働き、よく前を通るサラリーマンなどにはどうやらうけていたようだが、初めて訪れる人にはそれが感じ取れていなかったようで少し残念だ。きっと、また想定外のカフェという形式の中にこのカリガリのデザインは入り込み、立ち寄る側に「カフェっぽいカレー屋」という安心感を先にあたえ、トレースし引き継いだことを気付かせられなかったのだ。

このとき、引き継げばよいというわけではないことを実感した。やはり引き継いだことによって新しいどこにも帰属しないものにかえ、見る人に各部まで注視させる空間を作らなければならない。別にそれは奇をてらったものということではなく、すぐに居心地はよくなるが、異国に行ったときのように最初は勝手がわからずキョロキョロ周りを注視してしまう感覚にちかい。

ただ、この店だけでなく、同じ並びの異なった業種のお店を同時にトレースしたならば、きっとトレースしたことに皆が気付き、まだトレースされていない周辺を見て、トレースしたときの周辺を想像する楽しみを共有できたに違いない。したがって、並びを全部やりたい。

カリガリ

April, 2008
Works: Karigari

This is a renovation of a Japanese-style bar into a curry restaurant: originally a Japanese-style pub with a tunnel-like space, very narrow and long, located along Route 5 in front of Tamachi Station. The pub must have been a part of the familiar street view for commuters passing by, though they might not have dropped by for a drink. I thought of "inheriting" the original façade and converting it to a curry shop: in other words, I thought of replicating it with other material. I wanted to use this opportunity to find an answer to my question that originated in the Sayama Flat project: "Is it really true that these "ordinary" things in front of us are really unattractive?"

Basically, I did not change the original form; kept its old texture in some places; and finished it uniformly with MDF board.

As a result, expression of the façade changed substantially. It turned into a very stylish façade, much like a trendy cafe rather than a curry restaurant. Commuters working in companies in the neighborhood, and frequently passing by the site, seemed to enjoy the fresh change. But first-time visitors didn't seem to notice it, to my disappointment. I guess that this design of Karigari fell into the category of a "cafe" which they were familiar with, and thus it gave them a friendly image of as a 'cafe-like curry restaurant.' My design didn't succeed in convincing them that this façade was actually 'inherited' from the existing pub.

I realized that it was not the most creative solution to simply inherit the existing form. By inheriting the existing form, it should be transformed into something that is no longer related to the past. And it should be given a new expression that does not attribute to anything, so that people will carefully see every detail of the space. Such change doesn't have to be eccentric. It is similar to a feeling of a stranger in a foreign country; you don't know what to do: you look around restlessly, in search of something familiar, but eventually you begin to feel comfortable there.

Still, I imagine that if I would renovate facades of several shops on the street at the same time, using the same method of replicating the old façade with new material, people would probably notice how the existing façades had been transformed: they would be able to share the fun of imagining what the entire street would look like, if all existing facades would be renovated in the same way. I would really like to renovate the entire street this way someday.

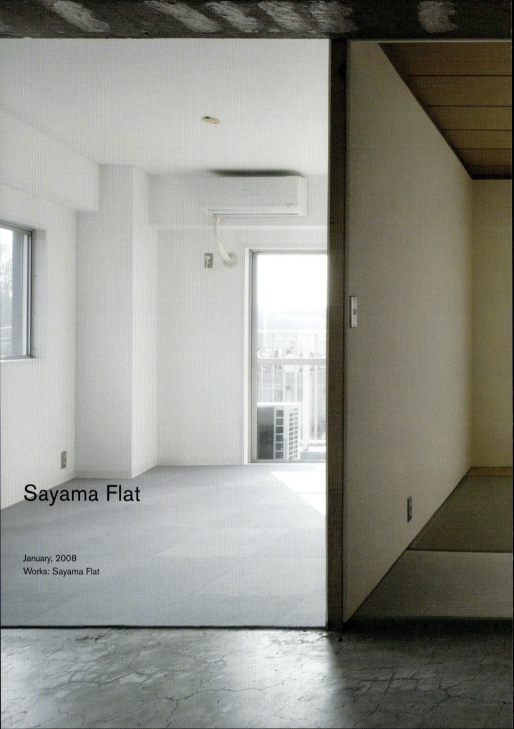

Sayama Flat

January, 2008
Works: Sayama Flat

このプロジェクトは、西武新宿線で新宿から約40分ほどのところにある狭山市駅から徒歩13分、地上7階建ての集合住宅の1棟改修のプロジェクトだ。30年ほど前に作られ、家族向けの社宅として使われていたLDK型のプランが30室積み重ねられた集合住宅だ。最初、郊外ということもあって僕としては控えめな提案で各部屋300万円のプランを提案したのだが、その提案に対し、N社長自ら《happa》にお越しになり、「各室100万円でできないでしょうか」と返された。流石に返答に困ったところをすかさず「建築家の先生方は皆さんずるい。自分の事務所は面白く作るのに人のものとなるといきなりかしこまり、予算も高くなる」といわれ、その未知なる世界に好奇心がわき、ついつい引き受けたのだった。ただ、僕たちは"一切図面をひかない"、"事前に確認を取らない"、"4室だけ選考して実施する"という引き換え条件を同時に提示した。

さて、計画の内容だが、一切足さず引くだけで空間をリノベーションすることを試みた。今まで、ファミリー向けのLDKという形式の一部、例えば、和室、洋室、リビング、ダイニングとして認識されていたものを、一つひとつ材料をはがしてゆくことで、一つのパーツの集まりとして捉えなおした。そして、30年間使われてきた用途は忘れ、躯体にとって本来あるべき状態に戻すため、できるだけ邪魔なものを取り除き、光を室内全体にいきわたるよう解体を続けた。

そのうち、残されたもの同士の間に新たな秩序が生まれる。その秩序に気付いたとき、我々は初めて各部屋の最終形を意識する。それまで、できる限り最終形を意識せず、各々のパーツと向き合うことで、初めて我々はLDKの構成から解放される。そして、不思議と今まで「いけていない」と思っていたパーツ、例えばキッチンや襖などが周りの状況が変わって、改めて出来た関係の中で必要なものとして見えてくる。不思議な体験だった。

このプロジェクトを通して町の見え方が確実に変わった。車や自転車で走っていても明らかに僕の視界が広がった。今まで知らず知らずのうちに取捨選択し、デザインされたものや歴史的価値のあるものなど見せることを前提で町にあるものを約束どおり見ていることが多かった。しかし、このプロジェクトを通して、それ以外のものへの可能性を感じられるようになったのか、見方に偏りがなくなった。むしろ、「果たして本当に目の前に見えているものはカッコ悪いのか?」という、疑問からおそらく見られることなど考えたこともないものに、挑戦的に自分の想像を重ねて見る楽しみを覚えた。

This is a renovation project of a seven-floor apartment building, located in Sayama City, approximately a forty-minute train ride from Shinjuku Station. The building was built thirty years ago as a company housing with thirty LDK-style apartment units (composed of living room/dining room/ kitchen and bedrooms). Firstly, I proposed to the client a renovation scheme with budget of 3,000,000 yen per unit, considering the disadvantage of the suburb, which was a fairly modest proposal. After receiving the proposal, Mr. N, the company president, came to our office, and asked us if it is possible to renovate for 1,000,000 yen per unit. I was speechless, totally stunned by his bold suggestion. He immediately added, "Mr. Architect, you are so cunning! Look, an architect can afford to build such a fancy office for himself, but when working on someone else's building, he suddenly becomes businesslike and asks for a lot of money." His comments were so outrageous that made my curiosity rise – such an extreme challenge into an unknown possibility. Consequently, we accepted his offer under three conditions: we don't make any drawings; we don't ask for design approval; and we select only four housing units to work on.

In this project, we designed only by 'subtraction.' We carefully peeled away existing finishes one by one; decomposed existing elements, namely Japanese-style room, western-style room, living room, dining room; reinterpreted them as a group of parts while canceling the previous functions for the thirty years; and exposed the inner framework. We removed all unnecessary things to let sufficient sunlight into the space, and return the structure into its original state.

Eventually, remaining elements started to create new spatial relationships. That is when we consciously recognized the final form of each unit: this is a moment we were finally liberated from the "LDK" composition, after concentrating on individual parts one by one. And some of the parts, namely kitchen, sliding partition and others, which we previously regarded as badly designed, somehow turned out to be "inevitable" elements constituting the spatial relationships in the new setting. This was such a wonderful experience.

This project had completely changed my view on cities. Now I can see cities from a much wider perspective when I drive, ride a bicycle, or run. In the past, I used to unconsciously judge if existing things in the city are 'acceptable' or not, in terms of conventional design or historic values. But through this experience of Sayama Flat, I began to see possibilities in things I used to ignore; I learned to see things as they were, with no preconception. My question, "Is it true that things in front of me are really unattractive? ", has taught me a new pleasure of imagining possibilities in things that nobody noticed before.

寄稿 I
Contribution Part I

純粋なブレ
青木淳
Genuine Diversion
Jun Aoki

正直さが導くこと
田中功起
Where our honesty leads us
Koki Tanaka

肯定としてのリノベーション
岡田利規
Renovation as Affirmation
Toshiki Okada

純粋なブレ

青木 淳／建築家

　どの建築にもコンテクストがある。コンテクストとは、その建築の側ではどうにもならない、いまそこに存在している様々な物事・事柄の総体のことだ。大きくは、それが建つ土地で、暗黙のうちに、その種の建物に期待されていること、があるだろう。その地域の物理的・精神的・文化的特性もある。クライアントが望んでいること、法律や建設コストの縛りもある。さらに、隣に建っている建物や、面する道の幅やその交通量、敷地の形状や規模などの物理的・具体的な条件がある。それら、建築に先立って、そこに存在するものを数え上げようとしたら切りがない。建築は、そういうものの総体、つまりコンテクストと、切っても切り離せない関係にある。

　そうして、建築は、そのコンテクストに、まずはうまく適応できていなければならない。でも、それ以上に、それが建てられたコンテクストがどんなものであれ、それとの関連ではなく、その建築そのものとしてもおもしろくなければならない、とされている。コンテクストのせいにできない。コンテクストをしっかりと説明しないと良さがわからない、ではいけない。つまり、建築には自律的な価値が求められている。もちろん、作品に自律性が求められるのは、建築だけでなく、美術でも、音楽でも、小説でも、近代以降の諸分野に共通すること。ただ、建築はそれらのなかでも、本来的には、極端に他律的な世界にあるにもかかわらず、それでもやっぱり、自律性が求められる、というところに特徴がある。

　他律的であると同時に自律的であること。その矛盾あるいは軋轢を解消するもっとも手っ取り早い方法は、コンテクストとの関係から離陸して、それを「越えた」もうひとつの次元をつくってしまうことだ。こういうコンテクストだったから、こういう建築になったというのではなく、そもそもこういう建築が必要だった、というような姿勢。さ

まざまな事柄が絡みあっているはずのコンテクストから、たとえば、現代という時代ということだけを取り出して、そこから特殊解ではなく一般解を引き出そうという姿勢。当然、そこには大きく恣意性が入ってくる。そして、それを許容するために、あるいは隠蔽するために、作家性が招聘される。一目見て、誰が設計したかわかるような特徴的なスタイルが開発され、採用される。

　というのが、現代の建築の一般的な風潮なのだけれど、長坂さんのおもしろいところは、そういう安直な道を歩こうとせず、それよりもずっと難しい道ではあるけれど、他律的であると同時に自律的である道を模索しているところではないかな、と思う。というのも、彼の、たとえば《奥沢の家》は、どう見ても、コンテクストと建築がワン・セットになっていて、それらを切り分けることがはなから難しいのだけれど、でもだからと言って、そういう状況に埋没することを潔しとしないで、その状況のなかからも、その建築そのものに何かを語らせようとしているからだ。《奥沢の家》には、他律性と自律性との間の軋轢にあって、他律性を隠蔽するのではなく、いわば「自律的な他律性」とでも言えるような、なにか、とてもデリケートな思考の跡が感じられるのだ。

　《奥沢の家》は、既存の住宅の改装である。でも、どこが既存の部分で、どこが長坂さんが手を加えた部分なのか、その境界線のありどころがはっきりとしない。というか、そのありどころが、意図的に、アンビバレントにされている。

　たとえば、1階の床。これは、床全面に敷き詰められた合板が、白の混ざった透明のエポキシ樹脂でコーティングされたものなのだが、ところどころで、じわぁーっと白が濃くなっていて、そのムラの隙間から合板が覗いている。合板も下地っぽいし、色のムラもあって、なんとなく荒っぽい感じがあり、新装というふうではない。でも、それ

と同時に、きわめて精巧な感じ、新装という感じもある。それは、エポキシ樹脂の表面に光沢があって、そのまったく歪みのない反射が、面が完璧な水平であることやそこに不陸がまったくないことを、ぼくたちの無意識に送り届けているからだ。まるで、よく澄んだ静かな水面に、空の雲が反射しているような印象。荒さと細かさ。あるいは、下地の感じと仕上げの感じ。そんな相矛盾する見えの間で、終わりのない気持ちの行き来が起こっている。

　それから、その外壁は、もともとレンガタイル貼りの壁だったのが、白く塗られて、その上から黒のついてパサパサなブラシで擦られて、もともとの目地がうっすらと浮いて出ている。もともとのものを、新しいもので塗り込め、消そうとしている。と同時に、もともとのものを、残そうとしている。既存であることと新装であることを同時にしゃべろうとして、吃ってしまっている。

　高度な職人芸と手の込んだ操作によるこんな吃音が、いくつも積み重ねられ、《奥沢の家》は、前からあったというのでも、新しくできたというのでもない、実に奇妙な存在になっている。既存と新装が混じり合うのではない。溶け合って、その区分が曖昧（アンビギュエント）になっている、というのではない。そうではなく、既存であると同時に新装でもあるという、ふたつの対立する見えが振動しだし、《奥沢の家》は、両義性（アンビバレント）をまといだしていくのだ。

　既存／新装が、直接的な主題ではない。そのふたつの見えの間の、絶え間ない行き来の方に、力点が移っている。見えているのだけれど、しかし、見えているようには見えない、ということが、より差し迫った関心になっている。たとえば、その模型のような建ち方。もちろん、この住宅は模型ではなく、本物の建物だ。でも、偽物に見える。回りの住宅が、地面の上にしっかりと「建っている」ように見えるのに、「置かれた」ように見える。も

ともと基壇があるわけではないのを、基壇らしきものが捏造されているからだ。それから、サッシが一度外され、工場に持っていかれ、鏡面塗装されている。そのために、サッシから物質感が消え、それこそ模型のように見える。本物か模型かということ自体が主題なのではない。ここでもまた、なんらかのふたつの見えの間で、それがひとつに定まらず無限運動を起こすことが主題なのだろう、と思う。

《奥沢の家》は、いろいろな対立項が用意され、その間のアンビバレンスが、何層にも、丁寧に、塗り重ねられた作品だ。その結果、ブレの感覚が増幅されて、それが通奏低音のように響いている。そのブレは、なにか特定の、たとえばオリジナルからのブレというのではなく、ただ純粋にブレている、という次元にまで達している。たしかに、この住宅は、先立ってそこにあったもの、つまりコンテクストと正面から向き合っている。という意味では、これは実に他律的な建築だ。しかし、その完全な他律性が、すぅーっと、純粋なブレの感覚に吸いこまれていっている。

模型が偽物だとすれば、それはどこかに本物が想定されているからだ。しかし、ここに本当にあるのは、ぼくたちの目の前に実際にあって、模型のように見えているものの方だ。「本物」は、逆に、仮想されているにすぎない。普通に見えるけれど、ちょっと変な感じ。現実に覆いかぶさっている薄膜がもう少しで剥がれるような感じ。そんな純粋なブレの感覚は、それを生じさせるための道具立てとして、コンテクストを必要とする。だけれど、コンテクストが主題なのではなく、その自律的なブレの感覚自体が主題なのだ。その感覚こそが、コンテクストに身をゆだねつつ、そのまんなかから、長坂さんが、この建築そのものに語らせようとしていることなのではないか、と思う。

正直さが導くこと

田中功起／アーティスト

もっとも遠くからはじまり、次第に近づいていく、という方法でこのテキストは書かれる。

この人生に規定される

死神が現れてこういった。
「ぼくは死神です。あなたの人生は隅から隅まで、とにかくすべてがすべて間違っていた。救いようがなくどうしようもないものだった。ひどいものだった。だけれども、もう一度だけ人生をやり直すことができます。どうなさいますか。もしその気ならすぐにでも手続きをすることができます」
もちろん気落ちするだろうが、それでもあなたは絶望することはないし、人生をやり直す必要もない。死神の言いぐさなんて信じることはない、と言っておこう。なぜなら、その死神が否定しているあなたの人生こそが、あなたを規定するすべてだからだ。それがいかに絶望的にひどいものであっても、その人生によって、あなたはあなたである。ぼくたちは、ぼくたちがした過去の、そして現在の行動によってぼくたち自身になる。それを否定してもう一度くり返したところで（「その人生」が「このいまの人生」と違うものであったとしても）、「そのときのあなた」は「そのときのあなたの人生」から逃れることができない。だから死神は前と同じ台詞を、あなたにくり返して言うことができる。そう、つまり死神はあなたが新しいべつの人生を生きようが生きまいが、それを肯定する視点にも否定する視点にも立てる。あなたがいかに満足のいく人生を新たに送れたとしても、死神はいとも簡単にそれを無意味にする視点に立ち、あなたの人生がいかに間違っていたかをいちいちあげつらうことができる。死神とはあなたを絶望させることに長けているし、人生は片方の視点に立てばよくもあり、もう一方の視点に立てば悪くもある。だからぼくたちは自分の人生の無意味さも有意味さも受け止めて、死神に一蹴された人生を取り戻そう。ぼくたちの人生はぼくたち自身をかたち作っている。ここが出発点となる。

自分を探さない

自分のことを考えてみる。自分とはなにか、と「自分」を探してみる。いや、そう問う前に実は自分はここにいるとすでにわかっている。これが自分である。しかしそれは「自分」だろうか。自分が思っている「自分」が本当の「自分」だろうか。そうしてさらに自分とはだれかと問い始める。「自分と

はだれか」と自分が問う瞬間に起きていることは、かろうじて過去の「この私」をつぎはぎすることで見えてくる自分だ。つまり自分はその都度、その場でできあがるのだから固定された自分はいない。そしてその都度できあがるそんな不確定な自分を捕まえることができないから、自分探しが可能になる。自分にとって都合のよい自分が見つかるまで、ぼくたちはいつまでも自分を探すことができる。

しかし実際の自分はまったく違う。現実の自分は、自分がしてきた行動の積み重ねで判断される「自分」だ。「都合のよい自分」と「実際の自分」、このふたつの「自分」の中でぼくたちはコンプレックスを持つことになる。こうあるべき自分となってしまった自分。ぼくたちはまずはなってしまった「実際の自分」について考えてみよう。いつまでも自分探しをしているわけにもいかないのだ。行動したことの積み重ね、その都度の判断の積み重ねから、必然的に導き出されていく自分。たぶん、ぼくたちに大切なのは起きてしまったことを、ひとまずは留保なしに素直に受け入れることにある。

そんな自分の姿は、いっぽうで自由でもある。なぜならそれは自らの主観や理念や理想に縛られないそのままの自分でもあるから。

寄り道して追加すれば、この「実際の(自由な)自分」はいままでの行動によって決められたのだから、それはつまりこれからの行動によって、将来さらに再定義されるものでもある。未来への可能性も秘めた自分でもある。

慣れ親しんできたものを捨てない。

ぼくはわりと部屋のなかの配置換えを好んでいる。ベッドやテーブルの位置を変えたり、本棚の位置を変えたり、ときどき模様替えをして気分を晴らす。たとえば全面的なリフォームもやれたらいいなと思う。新しい空間や配置（それこそ新しい環境や気候、生活習慣）によって、なにかいままでとは違う考え方や感じ方ができるんじゃないかって思う。そういう身体に直接働きかけてくる周囲の変化によって、ひとの考え方や感じ方は変化する。実際、ぼくは環境に驚くほどすぐに順応する。その分、すぐに新鮮さを失うけど。

これとは逆に配置はそのままで、ただただヴァージョン・アップするというやり方もある。これは東京に住むぼくが、たまに田舎の実家に帰ったときに気づいたこと。たとえば最近、ぼくの実家のリビングは半分、犬の部屋だ。ぼくはそこで食べる気

にはなれないけど、父も母も相変わらず、慣れたその場所でそのままご飯を食べている。ぼくには気を遣って、帰ったときは別の部屋にお膳を用意して、みんなでそこで食べるけれども。もとの配置を大きく変えることは、そこにずっと住んでいたひとにとっては、住みにくく感じるときもある。もともとのものによって、そのひとの生活が、すでに成り立ってしまっているからだ。このリビング兼犬の部屋はひとと犬が共存できるように、すこしずつアップデートされつづけた。まずコタツがすこし小ぶりのちゃぶ台になり、背もたれのあった薄っぺらな座椅子は、すこし大きめのソファタイプの座椅子に変わった。犬も動きやすいし、そこで両親も食べたり、のんびりできる。全面的なリフォームではなく、ヴァージョン・アップ型の模様替え。基本的な場所は決まっている。新しいものも、もともとあったものと、ある程度同じものが選ばれる。たとえばカラーボックスが古くなったら新しいカラーボックスと取り替えられる。以前の色が茶色であっても、それが売っていなければ優先されるのは、そのかたちと機能なので、赤でも青でも銀色でもかまわない。最初は不思議な感じがしたけど、習慣を保ちつつ、それに即した更新の仕方もあるんだと思う。その心地よさも

わかるといえばわかる。そう、まずは慣れ親しんできたものを簡単には捨てない。

あからさまに、正直に、いさぎよく、

そこにあるもの、そこにあること、それを見たことで自分が反応したこと、そういうことすべてに正直になる。それを潔く見せてしまう。そうしてできあがる制作もあると思う。

なにかをそのまま受け入れるということは、まったくその対象に手を加えないで成り立たせるということでもある。手を加えないで視点だけを変える。これが、「受け入れる」こと＝創造になる契機だ。たとえば、ネガティヴに見えていたものをポジティヴにする。これで十分なはずである。なにかを一から作りあげるのではなく、すでにあるものを利用し、現状を受け入れる。与件としての家の現状をひとまずは受け入れる。そこに含まれるネガティヴな要素を、ポジティヴなものとして受け入れる。たとえば家全体を覆うレンガによる外装、この一見フェイク・リッチな見え方をポジティヴに変えてしまう視点を考えてみる。しかし、もし仮にそれをポジティヴに見ることができたならば、あえてその家をリノベーションする必要があるのだろ

うか、と、ここでいちおう疑問を投げかけておく。ただもちろん、その必要はある。まだ不十分なのだ。視点が変わったということが、明らかにわかることを見せなければならない。「視点を変化させた」とつくるひとが言っても、なにも手が加えられていないならば、表面的にはなにも変わっていないように見えてしまう。つまり見るひと、住むひとにその視点の更新が一任されている。いくらつくるひとが「この外装も見方によっては興味深い、その理由はうんぬんかんぬん……だからこのままでいい」と、住むひとにレクチャーして視点の変化を促しても、それはまだ不安定である。住んでいるひとは習慣によって、変化した視点をもとの位置に戻してしまう。それは見るひとと住むひとが、新しい視点から見ようとかなり努力しないかぎりむずかしい。だからここで必要なことは、つくるひとによるあからさまにわかるような実践である。圧倒的に、あけすけなくらい、変化を見せてしまう。リノベーションされた家は、そこに住むひと、そのあたりに住むひとにとっての、視点更新のためのひとつのテスト・ケースとなり、基準となる。だからさらにここで起きることがある。ひとつの家が変化する、その視点の変化があからさまなとき、そのままそれは周囲の環境にも影響する。1ヵ所

が変わればすべてが変わるのだ。奥沢の家、レンガの壁が白く塗られ、なおかつレンガであることを隠さないために、フロッタージュ的な見え方の外装に更新された白すぎる家。外装の否定ではなく、肯定によって見出された視点は、なにも施されていない周囲の家々のもつ見捨てられた細部をも、ポジティヴなものに変化させるだろう。それまで見捨てられ、否定されていたものを、ひとりが潔く受け入れて示すとき、影響は周囲にも及ぶ。これが、たぶんなにかをそのまま正直に、あからさまに受け入れることによって導き出される風景だ、と思う。ぼくたちはそうした景色の中に生きている。

受け入れる。

この人生を受け入れる。自分がしてしまったことを受け入れる。普段の習慣を受け入れる。そして自分が住んできた家を受け入れる。
なにかをまるっきりはじめから創造する。この無謀に立ち向かうような、つくり方も必要である。しかし、受け入れることが、なにかをつくりだす契機になるときがある。いちからつくりあげる以上の大きな変化と可能性がここにはある。

肯定としてのリノベーション

岡田利規／演出家、チェルフィッチュ主宰

　長坂常さんが手がけた《奥沢の家》を見せてもらった。彼がゼロから設計して作った家ではなくて、昭和のバブル期に建てられた、いかにも当時の西洋趣味、といった感じの一軒家——長坂さんは「スネオの家」と呼んでいたとのこと——に、リノベーションを施したものだ。

　僕には、リノベーションという行為の、特に、そこにおのずとそれを行った人の哲学、とでもいうべきものが反映されてしまう点が、とっても興味深い。

　自分の携わっている演劇の仕事のほうに、それを引き寄せて考えてみることもできて、そうなると僕にとってはなおさら刺激的なことになっていく。

　リノベーションっていうのは元の家を愛することだ、というようなことを長坂さんが言ったのを聞いたときに、僕がただちに思ったのは、リノベーションというのは、身体への演出という作業とすごく似ている、もしかしたら、ほとんど同じだ、ということだった。

　身体への演出という行為の基底には、これから演出を施すことになる目の前の俳優の身体への肯定、といったものがあるはずなのだ。というより、そうであるべきだと僕は考えている。そして、おそらくそれと同じものが、リノベーションという行為にもある。少なくとも、《奥沢の家》で長坂さんが行ったリノベーションには。

　リノベーションという行為一般と、演出という行為一般とが似ているかどうかは、分からない。でも、長坂さんのリノベーション、というよりそれをする際の倫理と、僕が演出をする際のそれとは、似ていると思う。

　ところで今話題にしている肯定とは、技術による肯定だ。つまり、魅力や愛着のある俳優や家を使って、演出やリノベーションをするわけではなく、演出やリノベーションを施すことになる対象を、そうと決まってから肯定すること、肯定の行為そのものとしての、リノベーションや演出。

　たとえば、「スネオの家」の外壁の、玄関のドアの左上のあたりに取り付けられていた、あきらかに時代遅れのセンスの産物である西洋風のランプ——現代的なセンスと照らし合わせたときに、それが「あり」か「なし」かと言ったら確実に「なし」である——は、しかし《奥沢の家》の外壁に、そっくりそのまま残されている。ダサいものにはフタ、といった具合にそのランプを取り除くことはしないで、外壁を白く塗り替えるなどして、つまりラン

プの周囲の文脈のほうを変えることで、ランプを「なし」から「ありかも」にした。
　そういったようなことを、長坂さんは《奥沢の家》のいろいろなところでやっている。もう一つ例をあげる。一階の部屋から二階に上がるための階段に行くためのドアも、上部がアーチ状だったりして、ランプと同様、バブル期的な西洋趣味にあふれた代物なのだが、それもそのまま残されている。長坂さんは、ドアを別のものにするかわりに、ドアのすぐ脇の壁を、そのドアと同じくらいの幅にぶちぬいた。つまり、そのドアを使わないでも階段へと行けるようにしてしまった。
　そのことで、ドアを実用物としての窮屈な立場から、少しだけ解放してあげているのだ。するとそれだけで、わたしたちの、そのドアへの眼差しは、不思議なことに、そして悦ばしいことに、寛容なものになる。「ダサい、死ね」みたいなひどいことを思わなくなり、反対に、距離をとったユーモラスな態度でそれを「かわいいね」というように見てあげることが、できるようになる。
　さらに長坂さんの優しさが周到なのは、ドアをその役割から少しだけ解放している、という点で、つまり、そこから完全に引きずり降ろしているわ

けでもないのである。ぶちぬきの足下の部分は、階段のはじまりの数段とかぶっているので、そこをまたいだりしなければならないのが、不便といえば不便である。それを、わざとやっているのだ。おかげで、やっぱりドアを使う、という選択肢がちゃんと残される。ドアは実用という観点からも見捨てられないで済んでいる。
　身体への演出やリノベーションといった行為は、その作業を施す対象を肯定するということなのだ、とさっき言ったけれど、むろんこれは気をつけないと、瞬く間に欺瞞になってしまう。肯定ではなく否定からはじまる演出やリノベーションというものは、ある。というか、リノベーションのことはいざ知らず、少なくとも演出というのは、ついついそうなってしまいがちなものだ。演出家が抱くヴィジョン、といったものがあらかじめあり、目の前の俳優をそれに従わせていく、といった感じで行われる演出。
　それに、そもそも演出という行為が——そしてリノベーションもこれは同様だと思うが——実際の現場レヴェルで行っていることというのは結局のところ、否定すること、に他ならない。演出のために俳優に与える言葉のことを、ダメ出し、っ

て言うし。

　ランプやドアを否定しないで残したことがすごい、みたいなことを僕が言ったとき、長坂さんは、でも実際には「スネオの家」にあったいろんなものがどうしようもなくて、結局否定して排除しているわけで、と言った。それを聞いて僕は、あ、そうなのか、でも、それは当然そうだよな、と思った。肯定のそぶりの背後に否定があること。それは忘れてはいけないことだけれども、あげつらわれるべきほどのことではないだろう。僕としては、それを聞いて、普段稽古場でめちゃめちゃ細かくダメ出しする自分は、役者を肯定するとか言ってそれと矛盾することしてるんじゃないだろうか、とこれまでひそかに思っていたことが、それでいいのだ、と思えた。

　肯定を浮き彫りにするために、その周囲に施される否定、というのがある。対象の全面的な肯定をしているわけではない以上、当然そうなる。何も否定をしない演出やリノベーションなんて、極端な、レディ・メイド、みたいなことを考えるのでなければ、あり得ないわけだから。

　けれども、ある一つの否定としての振る舞いをするときに、はたしてそれが肯定に向かうための否定となりえているかどうか、ということについては注意深くありたいと、長坂さんはおそらく思っているはずだ。僕がそう思っているように。

　おそらく彼は、「スネオの家」の外壁のランプを否定することは、「スネオの家」の全体を否定することに近しいことであるように感じたのではないか。だから、ランプを残したのだ。そしてかわりに、外壁の有り様を否定して、白く塗った。もっとも、外壁にしたって、全面的な否定がされたわけではない。この壁ダサいから漆喰で塗っちゃおうぜ、みたいなことをしたわけではなく、白く塗った上から、煉瓦を積むときのような形状に貼られていたかつてのタイルの様子が、今も見て取れるようになっている。

　どんなに時を経ても決して古びることがない、そういった普遍的なものを最初から作ることができれば、なんの問題もない。ただそれをずっと使い続けていればいいのだから。でもそんなもの、なかなかできるものじゃない。今の時代という限定の中では趣味よく見えるものを作る、そういったものをということなら、敷居はかなり低くなる。しかしながらそれは、当然すぐに古びる。じゃあ、古びたあとのそれを、はたしてどうすればいいの

だろう？　ポイと捨てて次に乗り換える、という選択肢はなしで。
　トレンドを追っかけ続ける気力や体力や財力がなければずっと気持ちよいものに囲まれて生きるなんて望めないのだとしたら、それは息苦しいことだし、そんなことを一生続ける自信は僕にはない。でも、「スネオの家」を《奥沢の家》にした長坂さんの姿勢のようなもの、つまり、トレンドに置いて行かれてしまったかつてのセンスを、ユーモア——それは古びたものを嘲笑するのとは、はっきり異なる——によって生きたものにするという態度は、僕を勇気づける。それが一つの活路であることは、明白ではないだろうか？　もしかすると、唯一の活路であるかもしれない。
　それにぶっちゃけた話、建築もそうだし身体もそうだけれども、ゼロから立ち上げるのはコストがかかる。スクラップ・アンド・ビルドに対する反省は、建築の世界ではそれなりに常識になっているのかもしれないけれど、考えてみれば僕がやっていることも、バレエみたいにゼロから身体を作り直すというのとは違って、私たちのフツーの身体をリノヴェーションして舞台に提示しているのだと言えるかもしれない、と思った。

　幼少からバレエだの古典舞踊などをたしなんだ身体、それはきれいだけれど、そんな身体は獲得するのにも、それを用いるのにも、コストがかかる。だから、そういった身体を使いたいか否か、という以前に、そんな高くつくものを使うという選択肢自体が、僕にはそもそもなかった。第一、持っていないのだ。だから、背骨曲がっててみっともないからまっすぐにしてほしい、と俳優に要求するのではなく、その曲がった背骨を肯定する、というような僕の身体を扱う際の方法論は、選び取ったものというよりは、僕は必然的にそこに促されたのだ。
　そういうようなところ、もしかしたら、長坂さんにもあるんじゃないだろうか？　僕はそうした自分の経緯を幸運だったと思っている。
　それにしても「スネオの家」という呼び方は、絶妙だと思う。そのあだ名には、元の家に対する少なからぬ揶揄が含まれてはいるが、しかしそれと同じくらい、そこには愛もあるように思われるから。

Genuine Deviation

Jun Aoki /Architect

Every building has a context. A context is the sum of all various things and matters that happen to exist around the building, which the building cannot control. In a broader sense, there are certain unspoken expectations for the building according to the nature of building and the building site. . Context includes local, physical, spiritual and cultural characteristics; requests by the client, as well as regulations and construction costs; and furthermore, physical and concrete conditions, such as the buildings on either side, the width and traffic density of the facing road, the shape and scale of the site, and so forth. In addition, there are infinite numbers of existing conditions to consider which had been there prior to the construction. In this sense, architecture has an inseparable relationship with its context.

First and foremost, a building must be skillfully adapted to its context. Still, what is considered as more important is that the building must be interesting by itself, regardless of its context. We cannot depend on the context. We cannot say that the value of architecture cannot be understood unless one clearly explains the context.. In other words, we seek autonomous value from architecture. Of course, in the modern era, we seek autonomous values not only in architecture but also in art, music, literature and other fields after the Modern period. But what is specific about architecture, compared with those fields, is that we seek its autonomy, although it inherently belongs in an extremely heteronomous world.

Thus it should be autonomous and heteronomous at the same time. The most effective way to resolve this contradiction, or shall we say this friction, is to leave behind such relationship with the context and create a new dimension that goes beyond it. One would say that "this architecture was necessary in the first place", rather than "this architecture was designed according to the context". One would extract only one aspect such as "contemporariness" from the complex context comprised of various factors, and come up with a general solution, rather than a specific one. In this case, arbitrariness is largely involved: and this is when "authorship" is introduced to tolerate or conceal such arbitrariness.

It can be said that this is the general trend of contemporary architecture. What I find interesting about Mr. Nagasaka, however, is that he refuses to walk such an easy path and instead takes a difficult path., seeking a way to achieve autonomy and heteronomy at the same time. For example, lets' look at House in Okusawa: no matter how you look at it, the context and the building are one unit, or inseparable. And yet, he does not let the building sink in the context: he lets the building to speak for itself. In the friction between the heteronomy and the autonomy of House in

Okusawa, I feel a trace of extremely subtle thoughts: the architect proposes what you might call an "autonomous heteronomy", rather than trying to conceal the heteronomous nature of the building.

House in Okusawa is a remodeling of the existing house. But the border between the existing area and the renovated area designed by Mr. Nagasaka is not clear. Instead, it is intentionally made ambivalent. For example, let's examine the floor surface on the first floor. The plywood surface is coated with a transparent epoxy resin mixed with white paint, but the white has pooled into thick glops here and there, and the plywood is visible through the gaps caused by the irregularity of the coating. The plywood looks like substrate, and it doesn't look like a newly constructed floor due to irregular coloring and the rough appearance. But at the same time, there is extreme preciseness that makes one realize this is a new construction. It is because the gloss surface of the epoxy resin gives off undistorted reflection, which makes us realize subconsciously that the surface is perfectly horizontal, without undulation. It is like reflection on clear surface of water showing clouds in the sky. Roughness verses fineness. Or, substrate verses finish.. Between these mutually contradicting aspects, one's thoughts fluctuate endlessly.

The outer wall, originally brick, is painted white, and then the surface is rubbed with a hard brush with dry black paint so that the patterns of original joints surface. He is attempting to erase what was originally there by plastering over it with something new. Yet, at the same time, he is attempting to preserve what was originally there. It is as if he ended up "stuttering", as a result of attempting to give voice to both the existing and the new.

Such acts of "stuttering" performed with such mastery and elaborate operations are accumulated,, and House in Okusawa turned out to be a very strange existence, being neither what it once was, nor something newly constructed. It doesn't seem that the original and the refurbished parts are merged. It does not seem that the division between the two is ambiguous. Here, the two opposing existence, the original and the newly constructed, begin to oscillate, and House in Okusawa starts surround itself with an air of ambivalence.

"The existing verses the refurbished" is not directly the main theme. The key point is the constant oscillation between the two aspects. It is seen, but doesn't appear as if it is seen – this is the imminent interest. For example, it stands there like an architectural model. Of course, it is not a model: it is an actual building. But it looks like imitation. While the surrounding houses look like they've been firmly constructed on the ground underneath, this one looks like it is just placed on top of the ground. This is because they added a new "foundation-like" part, although there was originally no foundation. In addition, the window sashes were removed and brought to a factory, where they were treated with the mirror-surface paint. As a result, materiality of the window sash is erased and they look just like a model. . Whether something is real or a model is not the point. Again, I believe the theme here is the infinite oscillation between the two aspects.

House in Okusawa is a work where various opposing elements are introduced, and the ambivalence between them is multiplied in space like numerous layers of paint. As a result, a sense of deviation is amplified and it lingers like a continuous bass note. It is not a deviation from something specific or the original: it is genuine deviation that has reached an extreme level. Certainly, this house boldly faces what has already existed there, or in other words, its context. In that sense, it is a truly heteronomous building. However, the complete heteronomy of the house is absorbed in the sense of genuine deviation.

A model is an imitation, because there is a "real" thing they base on.. However, the actual building that we see here looks like a model. Conversely, the "real thing" is being reimagined instead. Though it may look normal, there is a strange feeling to it – it feels as if a sheet of thin film concealing the reality is about to peel away. We need to have the context as a means to generate such sense of genuine deviation. . However, the context is not the main theme, but the sense of genuine deviation itself is. I believe that such sense is what Mr. Nagasaka is trying to express through this architecture, while entrusting its position in the context.

What our honesty shows us

Koki Tanaka / Artist

This text was written using an approach that starts from the furthest possible point and gradually comes closer.

Defined by this life

Death appeared and thus said: "I am Death. Your entire life, from beginning to end, has been a mistake. It has been hopeless, beyond redemption. It has been a disaster. However, you can start your life over again – only once. Will you do it? If you wish, you can start the process immediately". It may cause some distress, but you do not need to despair, nor start your life over again. Let me tell you that you don't need to believe the words of Death. It is because the life of yours that Death denies is what defines yourself entirely. Even if it is desperate and hideous, the life has made you the person you are. Our actions in the past and the present make us the persons we are. Even if you deny your life and start over from the beginning, even if that restarted life is different from your life now, "yourself" could not escaped from "your" life anyway Therefore, Death can say the same words to you again and again. In other words, even if you succeed in living a new and satisfactory life, Death may take either point of view: he may affirm it, or deny it. It doesn't matter to Death whether you live a "restarted" life or not: he is free to put himself in the position to agree to it or deny it. No matter how satisfactorily you lived your new life, Death can criticize every detail of your life to tell you how wrong it had been, from an opposing point of view.. Death is good at driving you to despair: life seems good from one viewpoint, or it can be bad from another. Therefore, we shall accept both meaninglessness and meaningfulness of our lives, and regain the lives that Death flatly denied. Our lives make us the persons we are. This is the starting point.

Don't try to find your "self"

I try to think about myself. "What am I? " I ask myself, trying to find my "self". Still, I understand that I already know my "self" is here, even before asking the question. This is my "self". However, is it really my actual "self "? Is what I consider to be my "self " really my true "self "? In this way, I begin to question what my "self" is. When I ask myself, "who am I? ", I patch and mend the various "I's" in my past together, and my "self " takes shape. In other words, there is no permanent "self" because it takes shape each time on the spot. Since we cannot capture the uncertain "self" that takes shapes each moment, we can continue to try to find ourselves forever until we find our "selves" that are convenient for us.

However, the actual "self" is completely different. The actual "self" is the one who is evaluated based on what one have done. We will have an inferiority complex between two "selves", namely "the convenient self" and "the actual self ". The self that we are supposed to be and the self that we have become. To begin with, let's think about the "actual self " we happened to become. We cannot afford to try to find our "selves" forever here. The "self" that is naturally formed by the history of one's actions and judgments in each circumstance. I suppose what's important for us is to accept what has happened as it is, without reservation.

Meanwhile, such state of "actual self" is free: because it is not bound by our own subjectivity, principles or ideals.

In addition, it would be redefined by our future actions because this "actual (and free) self" has been defined by past actions. It is also the "self" that enshrines future potential.

**Do not throw away
the long-cherished things.**

I like to rearrange the furniture layout in my room often. I sometimes change the position of my bed, table or bookshelf to refresh my mind. I would rally like to do a full-scale renovation. I think I can change my way of thinking and feeling by having a new flat or house, or a new configuration of things (or a new environment, climate, or lifestyle). Environmental changes that work directly on the body induce changes in one's way of thinking or feeling. Actually, I adapt to new environment in an extremely short period, though it means that I easily forget the sensation of new. On the other hand, there is another way of renewal while keeping everything as is. This is what I noticed on visiting to my parents' house from my home. For example, a half of the living room of my parents' house has been recently taken over by their dog. I don't feel like eating there, but my father and mother continue to have their meals there, where they are accustomed to dine. When I am at their place, they kindly serve meals in a different room. It may be difficult to adjust to drastic changes when the person has lived in the same place for a long time, because these existing things have formed the life of the person. The living room / dog's room has been continually updated little by little so that the dog and the people are able to co-exist easily. At first, the kotatsu was replaced by a small low coffee table, and the very thin legless chairs with back support were replaced by a slightly larger single sofa. This made it easier for the dog to get around, and for my parents to relax and have their meals. It wasn't a full-scale renovation, but an upgraded refurbishing. The basic layout remained as it was. Also, they tend to choose new things similar to what originally used. For example, if a bookshelf gets too old they exchange it for a similar new bookshelf: even if the previous color (brown, for example) is out of stock, they wouldn't mind ordering the same model of any colors (red, blue or silver) because their priority is to have the same form and function. I found it odd at first, but I then realized that it was a way to update things while maintaining their custom. I understand the sense of relief they would feel this way. Anyway, we should not easily throw away the things we've cherished for a long time.

Frankly, honestly, and openly,

One could be honest about everything: about existing things and matters, as well as our reactions to them. . And he/she could show them as they are. I think this honest behavior relates to one way of art-making.

"To accept something as is" means "to make something without additional materials". We would change our points of view on the object without touching the object. This is passive creativity. For example, one can propose changing our perspective on something negative into positive. This should be enough as creative process. We do not produce something from scratch; we use what is already there and accept its present conditions.

Let's look at Schemata Architects' one of the

renovation in this way. First they accept the present conditions of the house as a premise. They regard the negative aspects there as positive. For example, they try to take a positive viewpoint on the exterior of the house, which is completely covered in brick and has a bad taste of fake-luxury appearance to it. Schemata actually painted the bad taste red brick façade into white, which suggest us to look this bad taste brick somehow nice. Like I wrote proposal is enough, then I should ask a question whether it is really necessary to renovate the house - why paint it completely white?

In fact, it is necessary, because it is not enough yet. We must show some clear proof that the viewpoint has changed. Even when an architect says, "we changed the viewpoint," it looks like nothing has changed if no work has been done. In other words, people living or seeing things in the house everyday are responsible for revision of the viewpoint. No matter how much an architect explain to the residents and urges them to change their point of view, saying "this exterior is very interesting from certain perspective, because such and such … therefore, it is fine as is", probably it is not enough to convince them. Those who live there will soon get the new viewpoint. It would be very difficult unless they make a strong effort to understand it from the new point of view. Therefore what is necessary here is that an architect should make people understand the new viewpoint clearly. An architect has to show the change in an open and convincing way.

The renovated house becomes a test case and

the standard for transforming the viewpoint of people who live in the house and the surrounding area. As a result, more things are happening. . When a house is changed and the change of viewpoint is clear, it influences the neighboring environment. If one place changes, everything around it changes. The exterior walls of House in Okusawa were painted white and later upgraded to a frottage-like appearance in order to reveal the brick texture. The viewpoint, which has emerged not through negation but affirmation of the exterior, will induce a positive change to the long-overlooked reality of the neighboring houses, which, until now, no one bothered to update. When someone frankly accepts what has been overlooked or rejected up till now and declares his/her affirmation, it largely influences the neighborhood. I think this new scenery has been created by simply and openly accepting what is there. We are living in such scenery.

Accepting

We accept this life. We accept what we have done. We accept daily routines. And we accept the house that we have lived in.
Sometimes artist make something totally from scratch. Which is reckless art-making. However we probably need passive creativity stated from acceptance of a circumstance and conditions. We are witnessing significant paradigm change and potential at this place.

Renovation as Affirmation

Toshiki Okada / Director, "Chelfitsch" Supervisor

I had a chance to see House in Okusawa designed by Jo Nagasaka. It was not a new construction: it was a renovated the house built during so-called the "Bubble Economy" period, when the Japanese economy was expanding at a high rate in the late 1980's: the house was designed in a fancy European style, which Nagasaka-san called it "Suneo's House"..

I am interested to see how the designer's philosophy is clearly reflected in the act of renovation.

I can relate it to my theatrical work, which prompts me to regard renovation as a very stimulating activity.

Nagasaka-san said, "Renovation is about loving the original house." His words made me think that the act of renovation is very close to directing actors' bodies – or maybe almost the same thing.

In my view, directing a human body should fundamentally start from affirming the actor's body.. I feel the same principle in Nagasaka-san's renovation, especially in his work of House in Okusawa.

I am not sure if architectural renovation and theatrical direction have similarities in a general sense. But I do feel that my theatrical direction and Nagasaka-san's renovation share a similar principle.

By the way, what I mean by "affirmation" is affirmation through the use of technique. We don't always have the most attractive actors to direct, or the best house to renovate: we regard renovation or direction as an act of affirming whatever the given object.

For example, let's look at the old European-style lamp installed above the upper left corner of the entrance door: it is obviously out of fashion and unacceptable in our contemporary standard. But Nagasaka-san did not remove the lamp: he painted the exterior wall instead. As a result, the lamp did not seem too bad in the new setting, against the white background. He turned the "unacceptable" object into an "acceptable" one by simply changing the surrounding context.

 He does this kind of design tricks in many places of House in Okusawa. I would like to point out another example. There is a classical European-style arched door leading to the stair, connecting the first and second floors. It is one of those fake European-style objects, like the entrance lamp, reflecting a longing for luxury in the Bubble Economy period. He kept as it was, and instead made another opening next to the door, allowing access to the stair. This new arrangement alleviated the original function of the arched door, and it magically changed our perception of the door: we no longer call it "lame", but begin to see it as "kawaii" (cute) with a sense of humor.

Nagasaka-san's attention is carefully worked out, because he didn't totally eliminate the door's original function: the door still serves as a door, although its rather inconvenient – because one would have to step up to enter the stair, as the door opens up to meet the profile of the first few steps. He does it on purpose, despite the inconvenience.

 I had previously mentioned that we should affirm the objects in the act of direction or renovation. But we have to be careful not to contradict ourselves. Sometimes direction or renovation can start from denial, not affirmation. I know that many directors tend to follow this route, although I am not sure about renovation. Directors already have their own visions before starting direction, and they order actors to follow his / her visions.

In the act of direction – and renovation, in my view – what we do is nothing but denial on the site. In Japanese, instructions to actors from directors are called "dame-dashi" (disapproval) in the first place..

When I told him that he made a good decision not to remove the lamp or the door but kept them in place, Nagasaka-san said that he actually got rid of some of the existing elements in the house, since he couldn't use all of them, thus "denied" them to be honest. And I thought it was a natural decision, because there may be some degree of "denial" behind the act of affirmation. Although we should not forget it, I feel we should not too far as to criticize such "denial". When I work with actors I give them many critical comments and detailed instruction. Before I had secretly worried that it might be contradicting my principle that I affirm all of my actors. But Nagasaka-san's work inspired me, and I have more confidence in my direction.

In order to declare affirmation of some object, denial of unnecessary things may be inevitable. Unless you are determined to affirm all existence, it is natural to deny some things. It is almost impossible not to deny anything in theatrical direction or architectural renovation, except for certain extreme cases like "Readymade" by Marcel Duchamp.

In the act of denial, you must carefully consider if the denial becomes a first step towards affirmation of something better. I strongly believe so, and am sure that Nagasaka-san would agree.

Perhaps he felt that denying the lamp on the exterior wall was almost like denying the entire house. That is why he kept it there. Instead he denied its background and painted the wall white. Though did not entirely deny the exterior wall, but he painted it so that the original brick-like texture of the wall would emerge on the surface.

If we could make permanent things that never fades with time in the first place, then we wouldn't have any problem.. We would just simply keep using them. In reality, however, it is almost impossible. It is easy to make things that suit our current tastes and life styles. But they will fall out of fashion very quickly. The problem is what we should do when we have so many unwanted out-of-date things around us? We cannot just throw them away and buy new things one after another.

We need great physical and mental energy and enough money to be always surrounded by good things. Though I feel that it must be really suffocating to live that way. I don't think I can spend my entire life following such lifestyle. Nagasaka-san picks up unwanted out-of-date things and transforms them into something new and fresh with a sense of humor – that is totally opposite of ridicule and dismissal of old things. His creative attitude gives me great encouragement. In my view, it may be the only way out.

It costs more to build up from scratch, both in architecture or theatrical production. Today, it is a common practice for architects to think about environmental problems resulting from so-called "scrap-and-build" methods of production and consumption. In this sense, what I do in theatrical production is very much the same: ballet dancers build up their perfect bodies from zero, spending much time and money on their training. On the contrary, I work with actors with 'ordinary' bodies. What I do is to 'renovate' their bodies and show them on stage.

A body trained in ballet or Japanese classic dance is very beautiful, but it cost so much to build up such body through long and strict training. Since I cannot afford to use such costly dancers, I never used them in my works. I always work with actors with ordinary bodies. Therefore, when I see an actor with a crooked back, I don't ask him to straighten his backbone. Instead I accept it as it is and create something from it. This method of affirmation was inevitable for my work as director.

I can see that Nagasaka-san went thorough similar situation in the making process in this work. I feel very fortunate that I have reached this way of thinking in the course of my career.

In any case, I think that calling this house "Suneo's house" is such a brilliant expression. While it implies no small measure of ridicule upon the original house, it also implies equal measures of love.

"重層性"
建築家・堀井義博のウェブサイトで《奥沢の家》を評して使われた言葉だ。

僕の中では"情報量が多い""多元的""多視点"とか言っていたものだが、"重層性"の方がかっこいいので借用させていただく。

ただ、よくよく考えると"重層的な空間"を改めて作るというのはおかしな話かもしれない。確かにそういうものへの僕の最近の関心は高いが、よく考えると、本来僕たちの身の回りは既に重層的で、それを今まで単層的にする行為をデザイン行為と捉えがちだっただけではないだろうか。単純に言えば、目の前の状況を写真で撮ったとする。そのとき、何も考えないで撮影したとするとそこには色々なストーリーの断片が写りこむ。もちろん、どのストーリーもわからない可能性はある。そして、そこで「一つでも伝えたい」という邪念が入ると、テクニック次第で一つの明快なストーリーの断片がはっきりと描写される。

したがって、重層的建築といってもそんな大それたことではなく、特にリノベーションの場合、既存自体がすでに重層的で、むしろ、その層を間引いていることになる。ただ、僕はその間引き方自体がデザインと考え、《Sayama Flat》では間引いた上で、引き継がれたもの同志の関係性を再構築するデザインを試みた。当然、《奥沢の家》《円山町の部屋》もそれにあたる。

これを僕はよく"落書き"にたとえる。電話をしているときなど何の意識もせずに鉛筆を走らす。そのとき、何を描こうという完成像は特にない。とにかく、鉛筆を動かし、そして、その描かれた線を見ることに心地よさを感じる。それが、ふとしたときに、何か具体的な像を暗示させるものに見えてくることがある。そのとき、初めて鉛筆が、描こうとする像を意識し、その像を追う。そして、その像に追われるように僕は考える。

重層的建築

Mr. Yoshihiro Horii, who is an architect, used this word to describe "House in Okusawa" on his website.

I was using words like "highly informational" "multi-dimensional" "multi-perspective" and so on, but since "multi-layeredness" seems to be the best expression, I take the liberty of using his word..

If you think it over, however, it probably doesn't make sense to design a "multi-layered space". Such concept interests me, but in reality we are already surrounded by multi-layers: maybe we just tend to think of design as an act of making a single-layer. To put it simply, let's suppose that I take a photograph of a scene in front of me. If I do it without thinking, fragments of various stories would be captured in the frame. I might not be able to understand any of these stories at a first glance. If I get this wicked desire to "show one of the stories", then one story would be clearly illustrated, using various techniques.

Therefore, what one would call "multi-layered architecture" is nothing spectacular. In case of renovation, the existing condition is already multi-layered, and we would rather subtract some of the layers. However, I consider the way of subtraction as a design in itself: we attempted to reconstruct relationships between inherited elements after subtraction is done. "House in Okusawa" and "Room in Maruyamacho" were also designed in this manner, understandably.

I often refer to "scribble" when explaining this idea. When I make a phone call, I find myself unintentionally drawing some free lines and patterns with a pencil in my hand. I have no idea what I am drawing then, but just simply enjoying seeing the traces of my hand movement. . Still, I happen to discover some interesting images in these lines sometimes. Then I consciously start to draw consciously in search of that image, and it urges me to think further.

Multi-layeredness

奥沢の家

January, 2009
Works: House in Okusawa

奥沢の家についてのエッセイ
長坂 常

1　スネ夫の家
2　外壁のリノベーション
3　落書き建築
4　プロポーズにカーテン
5　陸屋根と三角屋根
6　屋根の上のベンチ
7　形がない
8　テクスチャがある
9　僕たちの身の回りにあるものは、本当はかっこいい。

1

スネ夫の家

施主は27歳の青年。独身。

190cmくらいあるだろうか、BMWの7シリーズで颯爽と現場に登場…。

いや、確かに7シリーズだが、トランクには大きな木箱が縄で縛り付けられており、停まるや否や、ジャラジャラと鍵の音をさせながら、白いシャツを着て首に手ぬぐいを巻き、アンクレットをつけた短パン姿の大きなお兄ちゃんと、それぞれピンクと薄黄緑色のポロシャツを着たお兄ちゃん2人が、相次いで車から出てきた。

流石に「がははは」とは笑わないが、お父さまそっくりの豪快っぷり。そして、大きな声での挨拶に誰が施主かはすぐにわかった。ただ、もう2人だが、前の晩にでも家で一緒に飲んでいて、その足でついてきたのだろうと思っていた。しかし、どうもこちらの質問に三者三様に答える。もしかしたら、3人で住む家？　あまり経験のない施主のあり方に最初は少し戸惑った。その後の打ち合わせにも必ず、施主以外に誰か1人は友だちがついてきた。女の子だったり、男の子だったり、みんなになんとなく意見を聞きつつ打ち合わせを重ねていった。そのうちそんな打ち合わせにも慣れ、その開放的な感じがそれとなく計画に反映されていった。

さて、内見の話に戻るが、建物は半地下に駐車場と倉庫を持ち、その上に木造2階建ての住居部分がのる。外壁には赤レンガのタイルが貼られ、門扉やドア、外灯には、建材カタログなどで「ヨーロッパの伝統美を取り入れた優雅で格調高い」と表現される類の装飾が施されている。中に入っても、豪華さを必要以上に演出した装飾がふんだんにある。そして、同じものが二度と繰り返されない。構造も最初、木造とは聞いていたものの、ありえない距離にわたり柱がないリビングを見て「鉄骨造？」と思われ、外壁にはパラペットが施

※1 『スネ夫の家』
漫画『ドラえもん』の親友のび太の友達の家。つくりはわからないがヨーロッパ建築を思わせる外装。昭和の頃、金持ちを象徴する家として漫画の中で描かれている。

※2 『のび太の家』
漫画『ドラえもん』の親友の家。そこにドラえもんも住む。つくりは日本の伝統的な真壁構造によって作られた住宅で、木造軸組が、そのまま化粧材として表面に露出する。

され「もしや鉄筋コンクリート造?」と思わされた。つまり、仕上がった上からでは全然中身が想像できない、いわゆるハリボテ建築だった。ただ、小学校の頃、このような家を「スネ夫の家」※1と呼び、お金持ちの家としてうらやましがっていたことを思い出した。そして今、もぬけの殻となった「スネ夫の家」を前に、放置されたカツラを見るような寂しさを覚えた。とくにサウナ室の予想外の安っぽさには、「これだったんだ」と泣けた。一緒に見に来ていたギャラリー《青山|目黒》の青山さんがこの「スネ夫の家」を見て「薄い贅沢」と言っていたがそのとおりだった。

しばらく縁なく、記憶から消えていた「スネ夫の家」が急にデザインの対象として目の前に現われ、そして、「薄い贅沢」がいきなり身近な問題になった。内見に行く前、"奥沢にある洋館"と聞いていて、「初めて残しがいのある建物をリノベーションできるかも」と期待していただけに、素直にショックを受けた。そして、「これならよっぽど『のび太の家』※2の方がいいな」と思った。

そんなところに施主から「この屋上に上がりたいのですが、階段とか付けてもらえますか? きっと、夏とか外に出てビールとか飲んだら最高だと思うのですよ」と言われ、僕は(それどころじゃないな)と思いながらも「そうですね。それは可能そうですね」と、気のない返事を返した。帰り際、振り返って遠目で建物を見たとき、何やらフラットな屋根と思っていた上から、三角屋根が顔を覗かせているのを見つけた。「いやいやどこまでフェイクなんだ!」と段々愉快になってきた。そして、それも気付かず、購入した施主のおおらかさにより興味がわいた。

2

外壁のリノベーション

かねてより外壁のリノベーションというものに取り組んでみたかった。

なぜなら外壁は内装のように簡単にはがせるものではなく、引き算的なリノベーションが難しい。木造や鉄骨のような軸組構造でようやく開口部の変更などが可能だが、鉄筋コンクリート造などではなかなか難しい。よって、リノベーションといっても外壁は白く"塗る"か、サイディングのようなものを"貼る"くらいでリフォームとの差がない。僕も何度か外壁まで計画する機会はあったが、予算面の問題で今までまともに取り組めたことがなく、外装になると壁紙を選ぶようなデザインしか出来なかった。

ただ、今回、最初に施主より「外壁だけは特別に費用をかけても何とかしてほしい」といわれ、外壁のリノベーションを積極的に試みる機会をもらった。ただ、やはりやれることは限られていた。

とにかく、模型で幾通りものパターンをデザインした。内外をつなぐ中間ゾーンを考え、外壁をえぐって形をかえたり、一部外壁をはがしガラスなど透明な素材にかえて木の軸組みを見せたり、作為的な位置でそろえてレンガをはがしたり、レンガに似つかわしくない窓を沢山開けたり、一度はパラペットまで取り外したこともある。とにかく、"薄い贅沢"を一度壊し、別な文脈に置き換えることをめざした。でも、どれも既存の文脈に足したり、引いたりする程度で既存の文脈を壊しきれなかった。

そこで、僕たちは一度その建物表面のことを忘れ、周りを考えなおすことで、建物のあり方を考えるきっかけに出来ると考えた。まず、周りの塀を同じ高さに切り落とし、凸凹をなくし、敷地を幾何学形体に近づけた。それによって、今まで建物から周辺にいたるまで曖昧につながっていた関係を"周辺""敷地""建物"の3つのかたまりに分けた。そ

れによって、"建物"が潔い存在になった。

輪郭がはっきりした"建物"を前にしたとき、僕たちは再度、外装をいじくり始めた。ただ、その時は外壁の素材の足し算、引き算ではなく、その素材自体の見え方を変えたいと考えた。当然、"素材の色を奪う"白で塗りつぶす方法も考えたが、それは今までに数多く試みられており、その先に新たな可能性は見出せなかった。そこでレンガにフロッタージュという絵画の技法を用いることにした。なじみのあるところでは、コインの上に紙をのせて鉛筆でこすり、コインの凹凸模様を鉛筆で浮き上がらせる方法だ。つまり、それで、レンガ貼りの複雑な形を、鉛筆でなぞったような平面的な線画にし、建物自体を"軽い存在"にかえたいと考えたのだ。

3

落書き建築

リノベーションというのは他人の手書きの文章をまた手書きで書き換える、ワープロなどコピー＆ペーストの利く作業とは異なるなかなかしんどい作業だ。したがって、"落書き"とは書いたもののそう簡単ではない。ただ、リノベーションは新築のように、一から筋書きをたてて積み上げてゆくものではない。既に構造があり、住まいとしての状況もできているため、どこからでも、そしてバラバラにでもデザインが始められる。つまり、非線形的な思考を許す計画で、それで"落書き"といっている。

ただ、バラバラな基点から始められるとはいえ、当然、建築である以上、最終的にはその基点同士がつながり、関係が閉じられなければならない。そして当然、既存のつくりが他人によってつくられているので、そのつくりを把握していないと途中でつながりにつじつまがあわなくなる。したがって、もともとあった状態を細かく把握しておく必要がある。しかし、この建物はハリボテで中のつくりがわかりづらい。

また、工事をしながら考え、デザインした《Sayama Flat》とは異なり、"設計"→"見積"→"工事"といった本来の建築の手順を踏まえなければならなかった。すると一から思いどおりになる新築より、予想外なことが現場で起こり、たちが悪いときもある。図面を描き、模型をつくっても既にそれらが既存のつくりに対して間違えているかもしれないからだ。それで、僕たちは設計中も現場にゆき、壊せる範囲で部分的に壊しながら構造を確認し、模型上で角材を使って柱や梁、間柱、筋かいまでも組み、紙で仕上げを貼り、できるだけ正確に既存を把握するよう心がけた。そのうえで、解体方法や造作を計画した。

それでも、わからない部分は当然あって、"設計"→"解体見積"→"解体"→"設計"→"見積"→"工事"と大きく解体計画と造作計画に分

けて工程を組んだ。それで、模型で確認できなかった部分の食い違いを解体後、調整することにした。
さて、今回、僕たちは"落書き"の基点として、最初に訪れた時に見えた"2階パラペットの上に見える三角屋根"と"ありえない距離を柱なしで支える床の補強を隠す1階の折り上げ天井"の2ヵ所をまずは選んだ。つまり、最初の内見で印象深かったハリボテを部分的に剥ぎ取り、あらわしにすることで落書きの基点にすることを考えた。そして、その上にこの建物に期待される場所の性格を重ねた。その性格とは、周辺のパブリックスペース、1階のセミパブリック的ビューイングルーム、そして2階のプライベートスペースに屋上となる。それによって、おぼろげながらの個々の場の空間の質が決まると同時に、元々持っていたつくりに添わず、つじつまの合わない部分が見えてくる。そのつじつまの合わない部分をその時点で強く意識し、工程の手順を考え、解決を現場に持ち越した。また、その段階でところどころに新たな既存部の残しを想定する。そして、その部分が新たな基点として加わり、建物内に複数の落書きの基点が誕生する。その基点同士をつなぎ合わせてゆく作業が、本来僕たちのデザインするところだ。当然、解釈しだいでそのつなぎ合わせる方法は幾通りもあり、その幾通りものパターンを模型上でつくりなおした。時に現場に模型を持ち込み、つじつまの合わない部分と模型上での計画のすりあわせを行った。その反復によって実際の空間体験を想像した。さらに、それを繰り返すことで模型と実空間とが合わさり、頭の中に未来の像が浮かび上がる。そして、そのうち、物差しに頼らずとも実際のスケール感をつかみ、そのうち、実際にそこを歩いているような感覚で空間が捉えられるようになる。そのとき、初めて落書きのような自由な計画が始まる。

4

プロポーズにカーテン

この建物は半地下を駐車場とし、高さ1mまで基壇がつくられ、その上に建物がのる。その1mの段差が道行く人と1階にいる人との間に程よい距離を生む。もちろん、互いに意識すれば視線はあい、少し恥ずかしい。でも、それが日常になってくると互いに慣れて、人すら風景の一部となる。それで、人の生活を覗いている気まずさや覗かれている気まずさが互いになくなる。もちろん、初めて前を通る人はびっくりする。でも、覗かれる側は初めて通る人かどうかの差がわからず、結局気にならない。
ただ、それは当然、人による。

僕のオフィスである《happa》も1日中見られているが、なかなか居心地が良い。別に見られることに居心地の良さを感じているわけではなく、自分

とその自分から見えているものが地続きな町の中に存在し、それを実感できることが日々の生活の安心感につながり、そこで得られるものは見られている恥じらいよりも大きく素晴らしい。もうそろそろ引越しをして2年を迎えるが、そう実感している。

でも、この施主は、この家に住み始めて2日目にその事態に「慣れました」とメールをよこしたのだが、その順応性の高さにビックリした。そして、初日に側道に向かって置かれている水槽を見て、「これはいいや」と嬉しそうに言っていたのも面白い。自慢したいものがあれば当然1人の中では納まりきらず、他人と共有したいと思うものだが、この水槽は完全に外から見るために出来ている。それを施主が喜んでいるのがおかしい。とくに自慢というよりも、どうもすでに側道を自分のテリトリーとして捉えているように思う。当然、彼はたくましいのだが、その視点を持つと、この土地は南にも空き地があり、北側が公道となり、インテリアはもちろん敷地以上に広さを感じることができる。そして、今となっては元あった塀が邪魔にしか思えない。

それでありながら、たまに施主は「長坂さんのせいで結婚が4年遅れた」という。それに僕は「カーテン付ければいいでしょ」と返すと「いや、それはいやだ」「じゃ、カーテンが付いたら、結婚を意識したときってことでどう？」と返すと、「そっか、プロポーズのサインにカーテンって、かっこいいですね」とこんな感じになる。

確実に奥沢のこの一角でおかしなことが始まろうとしている。

そして、素敵な施主だと思う。

5

陸屋根と三角屋根

　この建物、外から見るとパラペット風のものが各階についているため、一見すると鉄筋コンクリート造に見える。でも、実は寄棟屋根の木造でパラペットはフェイクだ。それを僕たちは天井をはがし、小屋組みをあらわにし、開口部にミラーフィルムを貼ったので、夜に外から見るとその鉄筋コンクリート造のような外装と内装の寄棟が同時に外から見られるようになる。とくに南側から見るとそれが顕著で、その光景はまるで断面図を見ているような爽快感がある。ちょっとしたいたずら気分で計画したことが、なかなか面白い結果になった。
　その見えがかりを効果的に演出しているのが、2階サッシのミラーフィルムとミラー塗装されたサッシ枠だ。当然ながらミラーフィルムは昼間、外から見ると鏡になり、ミラーの枠と一緒に部材を横断し空を映しこむ。雲がサッシ部を横断するときなどなかなかマヌケな風景でよい感じだ。ただ、

それも夜になると一転する。外から見たとき、ガラスは透明になり2階の天井が丸見えになる。そのとき、内外装を同時に見られるのだが、その内外装にいだく一般的な強弱の印象に対して明らかに反転して感じられる。つまり、内装のような弱い表面をした外装と外装のような強い内装とがアンバランスに対峙した状態が、その窓を介して見えてくる。そして、一方は陸屋根を象徴するパラペットの形が、そしてもう一方は三角屋根を象徴する寄棟が見える。つまり、既存時のフェイクが暴かれ、いわゆる恥部が露呈しているのだが、それが屋外的様相を呈し、室内におさまりきらず白い外壁をまたぎ、周辺とつながり、町の表情の一角をなす。

また、そのミラーの効果は当然2階室内にもあらわれる。内観は外観に反し、そのサッシは日中透明になり、周辺ののどかな町並みがガラスを通して見えてくる。昼時など、南からやわらかい光が室内に射し込み、小屋組みとベニヤが合わさり、室内がのどかな雰囲気となる。非日常的なガラス張りの白いバスルームもそのときは北側のスペースに光を届ける反射面として機能し、意匠的にも適度なハリを空間に与え、さわやかな印象を生み出している。

ただ、夜になるとそれがまた一転する。今まで見えていたのどかな住宅街の風景も消え、サッシ部が完全にミラーになる。また、浴室のガラスやステンレスの鏡面部が合わさり、反転が繰り返され、薄暗さも相まって、迷宮の中に閉じ込められた怪しい雰囲気となる。ある程度エロさは想定しつくってはいたものの、予想を超えていた。

いい感じだ。

6

屋根の上のベンチ

前述しているが、この物件としては数少ない施主の要望の中に「屋上をつくってほしい」というものがあった。
大分前になるが、「sollaboration」という「屋上は面白い」「もっと屋上を作ろう」という趣旨の企画で展示をしたり、実施に取り組んだりしていたことがある。それ以来、地味ではあるが機会があれば屋上のデザインをしてきている。
やはり屋上は気持ちがいい。
ただ、気持ちが良すぎる。
「それでいいじゃないか」と突っ込まれるだろうが、屋上の気持ちよさはデザインを超越していて、室内側から一生懸命、屋上にいたるアプローチをデザインしても、そこを通り過ぎ、屋上に至ると、それまでの気遣いがどうでもよくなり、屋上の気持ちよさに皆がひきつけられてしまう。つまり、あくまで室内から屋上への片思いでしかなく、そして、なかなかその思いは報われない。とくに今回のように開口部を共有できず、一度ベランダなど別な空間を介した関係だと、距離があって片思いにすらならない。
そこで、今回は他のスペースとは関連を持たせず、あくまで単体の与件として、欲張らずに下から見たときに目立たないようにデザインした。またアプローチもかなり体力を必要とするものになっても気にしなかった。あえてデザインというならば、屋上にいるときにあまり立って歩かないよう、ベンチを屋根の上にのせ、背もたれが手摺代わりになる向きにベンチを配置したことぐらいだ。
完成後しばらく経って1人で屋根の上に上ったとき、今回の屋上（屋根の上のベンチ）は、むしろ、他の階の空間と関わりを持ちながら気持ちのよい場になっていることに気付いた。そのとき、恥ずかしながら僕は、はじめてそれを実感し「何でだろう？」と思った。
奥沢の"町"は、少々の出っ張り引っ込みはあるも

のの、ほぼ同じ高さに屋根がある。そしてその家々を田の字に細い道が囲む。駅からその道を歩いてくると、その並びにこの"白"い家はある。近づくと、所々に1mくらいの高さから始まる大きな開口がある。基壇を上り、その1つから中に入ると、そこに"白"い空間が広がる。さっき入ってきたところとは別に大きな開口が2つあり、そこから再び奥沢の"町"と対面する。ただ、そこではさっきまで歩いてきた道は少し下に見え、正面には奇抜な外壁がある。その外壁に空けられた窓からは隣の1階の営みがカーテン越しにうっすら見える。また、同じ"白"い壁には、"茶"色のあらわし部が顔を出す開口がある。そして、その一部をくぐると、2階に通じる階段にいたる。その階段を上ると四方を"茶"色い壁で囲われる。その中央に"白"いガラス張りのバスルームがあり、外側にバルコニーがある。そのバルコニーに出て外側に回りこむとまた"白"い表皮が外壁を覆う。そこから、さらに外側を見ると、再び奥沢の"町"と対面する。当然、隣の奇抜な外壁はあるが、視界が広がる分、さらにその数は増す。2階ともなると、どの家も少しオープン気味で、さっきよりも窓から見える気配は増す。そして、その"白"い外壁に沿ってはしごを上ると三角屋根の上にベンチがある。そのベンチに座ると、さらに"町"とは遠くなるが、その分、"町"の喧騒から離れ、同じ高さのとなりの屋上が実際の距離以上に近く感じ、親密さを増す。そのとき、よりディープな町との関わりを感じる。

シーンの重なりを1枚1枚見てゆくと、その中で形による関係性は、屋上に限ったことではなく、そもそもこの建物全体においてない。むしろ、この"白""茶""町"というテクスチャによる小刻みなシーンの展開が、シーンにつながりを与える重要な要素となっていて、その範囲では一見断絶のある屋上も類にもれず、その関係の中にある。

7

形がない

この建物は"形がない"。
当然建物としての形はある。

僕たちは既存の外形を引き継ぎ、それ自体は変えていない。開口部の位置や形を変えたり、塀を切り落とし、残った基壇の凸凹をフラットにしたが、建物自体の外形は変えていない。リノベーションの場合、敷地に余地があって増築することや、庭を広げるために減築することなど特殊な条件がなければ形を変えられない。もちろん、造形した日除けなど、装飾的なもので外形をかえて見せることや、ベランダや、この《奥沢の家》でいえばパラペットなど装飾部分と捉えなおせる部分を取り除くことは可能だ。

ただ、あえて僕たちは、外形を変えずにどこまで建物を変えられるかを確認してみたかった。当然、「なぜ、そんなストイックなことをするのか?」との疑問もあるだろう。
それは《Sayama Flat》をきっかけに湧き上ってきた「果たして僕たちの身の回りにあるものは本当にかっこ悪いのか?」という問いに対して、この《奥沢の家》で挑戦してみたかったのだ。もちろん、「そうではない」と答えを出すために。
その目的を持ったとき、《奥沢の家》のリノベーションへの選択は、僕の中で新築からの妥協ではなく大きな野望へと変わった。そして、施主自身も同じ意思の下、すでに確信犯だった。

8

テクスチャがある

ここで言う"テクスチャ"とは内外装に使われる装飾的な材料や部品、躯体のあらわし、周辺の建物、植物など、我々がかかわる以前からそこに存在する視覚情報をさす。

この建物には"テクスチャ"がある。
ありあまるほどの"テクスチャ"が内外装および周辺にたくさんある。
そのテクスチャの密度や濃度の調整によってこの《奥沢の家》は変わる。

そして、その"テクスチャ"は自分からはとても生み出せないものばかり。相応しいか、相応しくないかの判断以前に存在するもので、はるか30年前に施されたものを目の前にしても、それらがその場所にある理由など皆目見当が付かない。そんな"テクスチャ"を前に、僕たちは見えてきたそのものと向き合うことになる。つまり、それを"引き継ぐ"か"引き継がない"かの判断も自由であれば、その使い方も自由である。ただ、ひとたびその"テクスチャ"を空間に受け入れると、その後、下手な統一感や韻を踏むデザインは出来ない。質感と距離によって物と物との空間の質をデザインする以外方法はない。ただ、その異物を取り込んだ空間はあらたな異物を受け入れる懐の広さがある。そして、その懐の広さは"普段"において必要な空間の要素となる。

具体的な計画の手順として、まず、僕たちは幾つかの"テクスチャ"を選択し、空間に残し、必要に応じてそれに新たな加工を加え、その濃度を変えた。同時にその建物の開口部の開け方と位置を考え、見えてくる範囲を調整し、建物内外に絡むシーンに変化を与えた。また、同時に新たに加えた素材も一定ではなく、空間をゆがませたり、引き伸ばしたり、透かしたり、映り込ませたり、見る側の距離感や光の感じ方に変化を与えた。それを組み合わせることで形は変わらないまでも、感じる形に変化を与え、《奥沢の家》は再生した。

9

僕たちの身の回りにあるものは、
本当はかっこいい。

リノベーションというのは既存の形を引き継ぐ分、デザイナーの一貫した意図が隅々まで行き渡らず、筋を通しにくい。ただ、それだけに筋の通らないことへの許容力がある。例えば、《奥沢の家》では屋根の上のベンチがそれにあたる。通常、あのデザインやつくりでは新築において受け入れられない。もちろん、新築の方が屋根を作る段階で考えられるので、もっと巧妙に出来るが、あの子供の頃につくった基地のようなきどらない感じの良さは得られない。また、水槽もかなり計画の進んだ段階で話に挙がったが、重要なポイントにおけてしまう空間のおおらかさはリノベーションならではだ。おそらく、新築であんな強い個性のものが途中から加わったら、僕はプランを全て書きなおし、筋を通しなおすであろう。

また、筋の通らない性質が他のメリットも生んでいる。1ヵ所に立ったところで全体を想像することが出来ない。結果的に理解と体験が同時進行となり、建物全体を時間かけて味わうことになる。

もちろん、新築もそれに向けて巧妙に計画をすればできるのだが、自作自演になりがちだ。その点、リノベーションの場合、そもそも理解できないところからのスタートになるので、そういった心配はない。

また、町からしても、既存の建物はそこまでの成り立ちを知っていることによって得られる変化の楽しみ方がある。まるで夏休み明けに隣の子がかわいくなっていたときに感じる感覚に近い。どこがかわいくなっているかがすぐにはわからないが、気になって見ているうちに少しずつ小さな変化に気付く。リノベーションは周辺にすむ人からしてもそれに近い楽しみ方がある。もちろん、いきなりの美人転校生も良い。ただ、その期待は大きく、その期待のハードルは高い。

そう考えると、既にそこにあり、記憶にとどまり、不自由な形も簡単に無視すべきことではない。そして、手の加え方によってはその不自由さがあるからこそかっこよくなる。

Essays on House in Okusawa
Jo Nagasaka

1 Superficial luxury
2 Facade renovation
3 Scribble architecture
4 Curtains and honeymoon
5 Flat roof and pitched roof
6 Bench on the rooftop
7 No form
8 On texture
9 Ordinary existing things are worth paying attention.

1

Superficial luxury

The client is a 27-year man. Single. He must be about 190 cm tall. Made a dashing appearance in his fancy BMW 7 sedan ... Still, he had this big wooden box tied to the trunk with a piece of rope. As soon as the car stopped, this tall man in shorts with gold chains around his ankle and two other men in polo-shirts, in pink and lime green respectively, stepped out of the car in succession.

He had the same energetic personality as his father, although he didn't inherit the father's roaring laughter. And his loud and cheerful greeting immediately informed me he was the client. , The other two men, were apparently a bit tipsy from last night's bar hopping, and I assumed the client just happened to bring them along. However, they also responded to my questions about this house. I wondered, "Are these three men going to live in this house?" I was a bit troubled at first, as I wasn't used to dealing with such kind of clients. It turned out that the client always brought a friend or two, both male and female, to our meeting: all of these friends participated in the meeting, exchanging opinions on the house.

Eventually I got used to listening to everyone's opinion on this house, and this atmosphere of open-mindedness was reflected in this project somehow.

Let's get back to the story of the house. The existing building was a two-story house sitting on a basement containing a garage and a storage room. .The facade was entirely clad in red tiles; equipped with a gate, doors, and exterior lamps; and decorated with "elegant, art-deco-like" ornaments, which would be described as "exclusive and highly elegant product with a touch of European tradition" in a product catalogue. Inside the house, I found so many luxurious ornaments that were obviously overdone: and they were all in different tastes and styles. I had been told that the house was a wood structure, but in reality, it was hard to tell what kind of structure it actually was: I found a very long-spanned living room with no posts, and I thought, "Is this a steel structure?" ; then I saw concrete-like parapets on top of the exterior walls and wondered, "Can it possibly be a reinforced concrete structure?" In fact, the inner framework of the building

※1 Suneo's house
It is taken from a popular Japanese cartoon "Doraemon". Suneo is a friend of Nobita (main character of the story). Suneo is a boy from a rich family, and his house was designed in a fancy fake-European style. "Suneo's house" was a stereotypical model of a rich family's house during the Showa period.

※2 Nobita's house
It is also taken from "Doraemon" (see above). Doraemon is a robotic cat from 22nd Century, and he is a good friend with Nobita (school boy). Nobita is a timid boy from a middle-class family, and "Nobita's house" was a stereotypical example of a standard Japanese house during the Showa period. It was a standard Japanese wood post-and-beam structure.

could not be imagined from outside. The structure was totally hidden behind the external finishes.

Then I suddenly remembered that when I was a child I used to call this sort of house "Suneo's house" [※1], and secretly envied those kids living in such fancy houses.
But seeing this empty house. I was disappointed to see the sad reality behind the fancy facade, as if watching a wig that somebody threw off. The supposedly 'luxurious' sauna looked unexpectedly cheap – so disappointing it almost made me cry. Mr. Aoyama, owner of the art gallery 'Aoyama / Meguro, ' accompanied us to the site, and he described the house as "superficial luxury." I totally agreed with his comment.

"Suneo's house" had been long gone from my memory, but here it was, in reality, and I was now commissioned to work on it as professional architect. It was time to really think about this "superficial luxury." When I received a call from the client for the first time, I was told it was "a classic European-style house in Okusawa.": I was filled with hopes, with high expectation that this might be my first chance for a major renovation project of an important building that was worth preserving. But, faced with the reality, I was honestly at a loss. I felt that renovating "Nobita's house" [※2] would have been much better than this.

The client asked me, "I would like to go up to the rooftop space – would you install stairs to the roof? It would be so nice to have beer up there in summer." Though my head was still spinning, I managed to say, "Well, yes, I think it is possible." When I left the site, I looked back at the house from a distance – I had assumed that the house was flat-roofed – but surprisingly, I discovered a pitched roof sticking out behind the concrete-like parapets. "Damn! How fake can it be?! " " I had to laugh, and began to really enjoy all the surprises. And I grew interested in the generous client who decided to buy this house without paying much attention to these unique features.

2

Facade renovation

I wanted to work on facade renovation for a long time.
A façade is not something one can easily peel off, like interior finishes, and thus difficult to conduct renovation by subtraction. In case of frame constructions composed of wood or steel, it would be possible to change openings, but it is not possible in case of concrete construction. Possibilities are limited: facades would be either painted white, or covered with siding. In my past experience of facade renovation, all I could do was selecting new finishes, as if selecting new wallpaper for interior walls.

This time, however, the client was especially willing to invest on façade renovation at any cost. So I was given a good opportunity to concentrate on façade renovation.
However, possibilities were limited. We started from making many different study models in search of design possibilities: we created an intermediate zone between interior and exterior by making concaved facades; took away some parts and replaced them with transparent material; stripping off tiles in graphical patterns; and many openings in the tiled facades; and even removed all the parapets and so on. We tried all possible ideas in order to break the elements of "superficial luxury", and transformed them into something new. But these studies seemed to be merely "addition" or "subtraction" on the existing facades; they were only superficial dress changes, and would

not give a major breakthrough to the existing condition.

Therefore, we decided to forget about the facades for a while. We observed the site and its surrounding environment, and studied possible ways of reconfiguring the existing house. First we clearly redefined the shape of the site by trimming the bordering walls at the same height, and made continuous flat surface along the border. The house was now clearly separated from the neighboring context. Then I divided it in three zones, namely surroundings, site, and "house. As a result, the building became much clearer.

After the building was clearly outlined, we re-started working on the exterior finish. This time, we did not think about "addition" or "subtraction", but focused on "changing the expression" of the existing material itself. We thought of painting it white, but we did not want to completely erase its original texture and color. Also, it was such a conventional method to simply"paint it white": we did not see new possibilities in it. Here we came up with the "frottage" technique. It is a fine art technique of overlaying a sheet of paper on the surface of an object (coin, for example) and rubbing it with pencil or other drawing material, so that the texture would surface on paper. Our intention was to transform intricate patterns of the tiles into flat line drawings as if traced with a pencil.. I wanted to make the house appear lighter.

3

Scribble architecture

In my view, renovation is like trying to trace someone's hand-written scripts with my own hand, which cannot be easily done by the "copy-and-paste" method here. "What I call "scribble architecture" is not so easy. Renovation cannot be logically planned out logically step-by-step.. In case of renovations, the structure already exists, and necessary functions for the daily life are already prepared, and therefore I can start designing randomly from anywhere . It allows for a totally nonlinear way of thinking: that is why I call it "scribble" architecture.

Although I can start from any random points, these points should be connected to form a closed network in the end. . Since the original building was designed by an unknown architect, I have to carefully observe and understand its composition to make sure that the connected network functions. Yet, it is very difficult to investigate the inner framework hidden behind the fancy facades.

It was different from Sayama Flat where I was able to construct, think and design simultaneously on the construction site. This time I had to follow the regular construction process, starting from designing; estimation; and finally construction. We come across unexpected happenings on the site sometimes, which are more complicated than a new construction where you can take full control. We make drawings and models, but they may be different from the existing condition in some parts. In order to precisely understand the existing condition, we went to the site during the design process and demolished some parts of the building to confirm the structural framework: then, we made a detailed structural framework model composed of column, beam, post, and bracing out of wood strips; and put finishes made of paper on the framework. After this process, we planned out the deconstruction process and designed interior elements. Still, there were still some parts we didn't precisely understand; therefore, we decided to divide the construction process in two, namely the "deconstruction phase" and the "interior construction" phase, in the following order: schematic design → estimation of deconstruction → design development → estimation of interior construction → interior construction. In this way, we were able to check and adjust the parts we couldn't confirm in our models. This time, we first selected two distinct elements as starting points of our "scribble"; one was the "small pitched roof on top of parapets", and the other was the "folded ceiling above the unbelievably long-spanned space on the first floor". Basically we peeled away some parts of the fancy exterior skin (which gave me a strong impression at the first site visit) to expose these "starting points" of our scribble. Then, we planned the layout of expected "characters" of all places, including surrounding public space and semi-public viewing room on the first floor; private space on the second floor; and the rooftop. At this stage, the quality of each space was determined, and we began to find some parts that conflicted with the original framework. We studied such conflicting parts planned the construction process and then resolved details at the construction site. We reserved original parts in some areas, which became starting points of new "scribble". Our design was to determine how to connect these "points": there would be multiple ways to connect them based on various interpretations, and we repeatedly made study models to examine various patterns. Sometimes we brought our models to the site, confirmed and adjusted contradicting parts on the spot. Repeating such on-site design studies, we learned to synchronize the model and the real space in our imagination; and we would eventually learn to envision the future. And we would be able to grasp the actual sense of scale without an architect's scale as if walking in the actual space: that is when "scribble" or a free-style design would finally start.

4

Curtains and honeymoon

The two-story house stand on the one-meter high foundation wall, and a car parking space is located underneath, half buried underground. So there is one-meter gap between the street and the ground level of the site. It creates some distance between passers-by on the street and the house. It was embarrassing when they happened to meet eyes of a passer-by at first. But in no time they got used to it, and eventually both parties became a part of each other's familiar view of the daily street scene. After that, they don't feel embarrassed anymore to see or be seen their daily life. Naturally, the person passing by for the first time may feel awkward. But the residents don't care, because they can't tell whether he/she is passing by for the first time. Still, the situation may vary according to a person's view on such "see-and-be-seen" relationship.

Our office "happa" is seen from passers-by all day long., but I find it pretty comfortable. It does not mean that I feel comfortable to be seen, but it is a good feeling to see our office as a part of the street: it gives us a comfort to feel we are in direct touch with life in the city. What we get from this experience is significant, and it is worth overcoming the embarrassing feeling of being seen. It's been almost two years since we moved here, and I really appreciate it.

The client sent me an e-mail two days after they moved in, and he told me, "Well, I already got used to this situation- being seen from outside!" I was very surprised to hear how fast he had adjusted to this house. I also found it interesting that he was very happy about his aquarium displayed facing the street. I understand one may feel tempted to share the view of his/her great treasure they are proud of with the public, but .it seems that he designed this aquarium exclusively for public viewing. And I'm pleased to see how happy he is. I guess he doesn't intend to show it off to the public, but it seems he regards the side street as a part of his territory. He is naturally a spirited person. If you see the surrounding environment in his way, the interior space would feel much larger than the site, as it is facing the vacant lot on the south and a public road on the north. Seeing this, I felt that the exterior fences formerly existed here had been just obstacles against the house. The client jokingly said, "My marriage would be delayed for four years, due to the lack of privacy." I said, "Why don't you hang curtains, then?" , but he said no. Then I said, "Well, when you get serious about marriage, you should hang curtains there."He said, "Right, curtains for honeymoon. Very cool!"

Something interesting is about to happen on the street of Okusawa. And I am happy to have met such a cool client.

5

Flat roof and pitched roof

This house has parapets on top of exterior walls, so it seems like a flat-roofed reinforced concrete structure. But in reality it is a wood structure with pitched roof, and parapets are actually fake decoration. We stripped away the ceiling to reveal the interior roof structure and put mirror-finish film on windows. At night, you can see the exterior view of the pseudo-concrete building and the interior view of the pitched roof frame at the same time. . It is like seeing a section of this house, especially when seen from the south side. We designed it this way with a playful spirit, and it actually created a very interesting view from the street.

Mirrored film on the windowpanes and mirror-painted window sashes on the second floor help creating such visual effects. Windows become mirrors during the day, and reflecting white clouds and the blue sky skimming across the façade. At night, the situation is reversed: there is a moment when the glass becomes transparent, making the second-floor ceiling totally exposed to the outside. That is when people can see both interior space and exterior facades at the same time from the street. The image of the interior and the exterior appears in the totally different way from the conventional image of the interior and the exterior. The strange confrontation of the exterior with the "weak" surface finish like the interior and the interior with the "strong" surface like the exterior is visible through the window. The parapets signifying a flat roof and the pitched roof frame signifying the pitched roof become visible. It reveals the "fakeness" of the existing building, which must have been a private secret, and the image continues beyond the interior; over the white exterior; and connects with the surroundings to create a part of the city view.

Effects of such mirror effects are naturally noticeable in the interior on the second floor. Seen from inside, the window sashes become transparent, contrary to the exterior appearance, and the peaceful scenery of the surrounding area is seen through the glass. During the day, sunlight comes from the south and fills the space, creating a tranquil atmosphere in combination with the roof frame and the wood finish. The surreal-looking white bathroom, enveloped in glass, serves as reflector transmitting light towards the space on the north side: it accentuates the space and create a refreshing impression.

After dark, the view is totally reversed. The view of the peaceful neighborhood disappears the windows become all mirrored. The windows, combined with the glass and the stainless steel mirror of the bathroom, amplify reflections overwrapped in multiple layers, while creating a mysterious feeling like a labyrinth in the darkness. A certain degree of sensuousness was intended, but it was beyond my expectation.

It's looking good.

6

Bench on the rooftop

As previously mentioned, one of the client's requests was to have some rooftop space.

I organized an exhibition called "sollaboration" a while ago, promoting various rooftop designs, and also conducted rooftop constructions. . Since then, I have been designing rooftop spaces when I get a chance.

It is very pleasant to spend time on the rooftop. The thing is, it is too pleasant.

"Why not?" you may ask. But no matter how I try to design a good spatial sequence from the ground all the way up to the roof, people would forget about it as soon as they reach the rooftop. Everyone is fascinated with the pleasantness of rooftop. I call this "one-way love " from the interior to the exterior, in which the former's love is seldom conveyed to the latter. In this house, rooftop space is literally on the roof, and it is not directly connected with the interior space, interrupted by the veranda and so on: it is too far to connect the two..

This time, I decided not to design a special rooftop, but tried to make it as simple as possible instead. I put minimal ladder-like stairs to the roof, and installed a bench there. I didn't concern too much that the ladder would require certain physical strength. The only "design" gesture was to place a bench on top of the pitched roof to prevent people from walking around the roof: the bench is placed in such a way that the back of the bench serves as a handrail for safety.

After the construction was completed, I stood there by myself, and realized this rooftop (or, "a bench on the roof") turned out to be a pleasant place that feels connected with the other floors, contrary to my expectation. I thought to myself, "Why, this is such a pleasant place."

In the town of Okusawa, roofs of houses are lined up mostly at the same height, with occasional ups and downs. And the houses are surrounded by narrow paths based on the pattern of rice fields in the past. You find this white house, following one of these paths from the station. As you come closer, you see large windows above the one-meter high foundation wall. You enter from one of the windows, and find yourself inside the 'white' space. You see the town of Okusawa again from two large windows. You find below the path you came from, and an eccentric façade of the adjacent house, and through the window you can vaguely see their life behind curtains. Then on that white wall you find opening that reveals 'brown' parts of the existing finish. You go through that opening and reach the stairs to the second floor; then go up the stairs and enter the space surrounded by 'brown' walls; bathroom clad in 'white' glass is placed in the center of the space; and balcony extends outwards from there.; go out on the balcony and find the 'white' wall and the town of Okusawa. You see more walls of neighboring houses, and you get to feel more of their life inside, through their second floor windows, You go up the ladder along the 'white' wall, then go up on the top of the pitched roof. You sit on the bench on the rooftop. Far from the ground and away from the noise and activities in town, you feel a sense of proximity with neighboring rooftop spaces. Then, you begin to feel engaged in this town more closely...

Following the spatial sequence from start to end, there is not an overall rule or 'formal' composition in design of this building. Subtle gradation of various sceneries, reflecting the effects of textures, namely 'white,' 'brown,' and 'town', is the key feature connecting the spatial experience: the rooftop, seemingly a detached element, is also included as one of important elements in the overall network.

7

No form

This building is given "no form." Naturally, it has a form of a building.

We basically maintained the existing form as it is. We changed locations and shapes of the windows; cut off the top of the foundation wall at the same height; but we didn't change the form. In case of renovations, we cannot basically change the form unless there is enough space to build an annex, or reduce the building size to increase the garden area and so on. In fact, there are some ways to change the appearance of the building form without actually changing it by adding decorative elements like awning, or eliminating additional parts such as veranda or parapet.

Still, we wanted to confirm how we could transform the building without changing its form. Some might ask,"Why dare to challenge such strict idea?"

It is because we 've had this question since we worked on Sayama Flat; that is, ""Is it really true that these"ordinary" things in front of us are really unattractive?" , and we wanted to try to find an answer in House in Okusawa – of course we wanted to say, "No, it is not true."

Facing this challenge, my feeling of "compromise" to renovating this house turned into a big ambition. The client shared my intention, as if we were already partners in crime.

8

On texture

In this text the word "texture" doesn't only relate to a way of substance or surface of architectural material, but it also includes all visual information that had existed there for a long time; decorative elements, attachments, old frameworks and finishes, neighboring houses, plants, trees and so on.

This building has textures. Various textures exist inside and outside, and around the building. The building will be transformed into something new, by controlling density and thickness of its textures.

These existing textures cannot be easily made artificially, but they had been matured over a long period of time. If the texture is not so old, I can imagine why a designer selects a material he/she thinks that it is a 'right' texture for that area. But seeing textures from twenty years ago, I can no longer figure out reason for their existence. Here we just have to deal with whatever we see. We can freely decide whether we should accept it as it is or not, regardless of its context.

Once I incorporate a certain texture into a space, I can no longer depend on simple uniformity or follow common rules. The only way to design space is to carefully look into materiality and scale. After a strange texture is incorporated into a certain space, it creates even more capacity for other strange things. And such capacity is an important spatial element for creating "fudan" in architecture.

Our design method was to first select some "textures" and kept them as they existed, then treated it partially with new finish to control its density. And we also thought about shapes and locations of windows, in order to create new spatial sequence connecting interior and exterior. And we added new materials to give different spatial effects; distortion, transparency, reflection, sense of distance and light, and so on. By carefully arranging materials, we were able to re-create various spatial experiences in the house of Okusawa, without changing its original form.

9

Ordinary things in front of us are really attractive.

In renovation, it is difficult for a designer to work in clear and logical way based on design concepts, because he / she has to succeed the existing form. But renovation gives us tolerance for a non-logical design approach. Let's look at an example of the rooftop bench. Usually, this kind of design is not acceptable in a new house. Of course, you can design a much more sophisticated rooftop in a new house, though it would not be as exciting. Sitting on a roof top bench, one would feel a simple joy, like playing in a kid's secret tree house. And for the aquarium, we were asked to place it somewhere in the living room when construction was nearly completed. But because of such 'generosity' of space, strong presence of the aquarium didn't seem out-of-place, and instead became an important element. It wouldn't have been possible in the new house.

Non-logical approach has another advantage. You cannot imagine a whole picture of the house at a glance from a particular viewpoint. As a result you experience and understand the space simultaneously, and thus you need to take time to fully appreciate architecture. Of course it might be possible to do so in new-built architecture, but it could be like playing the game while you know the result already. Since we start from the totally unknown state in the case of renovations, there is no need to worry about it.

And people in town can enjoy changes the renovated building generates in the surrounding environment, because they know the history of the building. For example, after a long summer vacation, I met a female classmate, and she appeared more attractive than before.. First I couldn't see what change she had gone through, but as you take time to observe her, you gradually find something new about her. In my mind, one would have a similar feeling, when he / she sees a renovated building. Of course, encounter with new people would be exciting, but you might expect too much from them. .If we think this way, we should not ignore the existing 'form' that remains in our memory, no matter how awkward the form may be. What is more, the awkwardness may turn into attractiveness, depending on the way you deal with it.

寄稿 Ⅱ
Contribution Part Ⅱ

フレーミングとオブジェクト
——長坂常のリノベーション作品について
千葉雅也

建築的牢獄からの脱走
——《Sayama Flat》について
門脇耕三

無関心なざわめき
浅子佳英

フレーミングとオブジェクト──長坂常のリノベーション作品について

千葉雅也／哲学者、立命館大学准教授

　空間のある範囲に、何か「均質」なものを広げることで、何か「いけてない」とか「ダサい」ようなものを馴致できるというのは、どういうことなのか。そして、そもそも「ダサい」（今回はこれを直感的表現として使う）ものとは、何なのか。

　長坂常のリノベーション作品に対する第一印象は、要は〈まっ白〉ないし〈モノクローム〉や〈空白〉という均質な──あるいは「統一的」などと言える──ものを一部に十分な量で使えば、どんなに「ダサく」雑然とした状況でもどうにかできちゃうよな、という、僕自身が以前から思っていて、実際さまざまなジャンルで試してきたことの再確認である。部分的な〈塗りつぶし〉や〈削除〉。部分的均質化のテクニックだ。

　複数の異なるデザインの椅子の上に天板を一枚敷いてベンチにしてしまうという作品は、まさしく範例的なものだ（しかも、それら椅子の背もたれ部分に均質的なツヤ出しの加工をしている）。《Sayama Flat》では、剥き出しにされたコンクリートもその効果を発揮しているが、特筆すべきは、床に流し込まれたエポキシのピカピカの平面だ。

　部分的均質化がなされる。そうしてできた〈面〉に対して相対的に、うまく残し置かれたダサい「オブジェクト」が、あらためて眺めるに値するものとなる──のだが、それらの違和感（ダサさ）が完全に抹消されるわけでもない。総じて、まとまりと破れのバランスがうまく成立しているということなのだが、しかし、オブジェクトに何か過剰な張り出し、不気味さを感じることも可能なのであり、その点こそが、長坂のリノベーション作品の、たんにうまいだけではない異様な魅力であると思われる。

　最近、日本の建築界でも言及が始まっている「オブジェクト指向存在論」（Object-Oriented Ontology: OOO）を持ち出してみよう。あれら長坂作品では、元々の意味・コンテクストの関係性から一個一個のオブジェクトを切断することで、結果として、グレアム・ハーマンが言うところのオブジェクトの「秘密」を肯定している、などと評すこともできそうである。ハーマンは次のように主張する──洗濯機でも犬でもドアでも水素原子でも何でも、一個のオブジェクトは、物理的接触まで含めてあらゆる関係性から「退隠した＝引きこもった」実在性を有しており、その実在性のレベルでは、あらゆるオブジェクトは絶対的に個々別々、分離されている、無関係である。本来的には、洗濯機だろうが犬だろうが、あらゆるものは互いに、無限に遠く離れているのである（エマニュエル・レヴィナスにおける「全き他者」のように）。オブジェクトは互いに対して絶対的な秘密として存在している。たとえば、《奥沢の家》のエントランスに残し置かれたガス灯風の玄関灯は、かつての〈キッチュに洋風であること〉のコンテクストから分離され、孤立させられることで、とはいえそれを全消去も

せずにではあるが、〈見れば見るほど、これはこれ自体としては何なのだと問いかけるオブジェクト〉として表れてくる——正確には、コンテクスト埋没的であったかつての状態と、オブジェクトのそれ自身への「退隠＝引きこもり」との揺らぎを問題にしている、と言うべきだろう。

しかし、本稿において強調したいのは、そうしたOOO的なあり方は、部分的均質化のテクニックに依存しているのではないか、ということである。先走って言えば、それゆえに、あれらリノベーション作品で起きている事態はオブジェクトに徹底的に対峙してのその肯定ではない、という一種の批判を向けることができるのではないか。

部分的に導入される〈まっ白〉や〈空白〉は、オブジェクトを先行コンテクストから切断するために、〈フレーム〉として機能しているように思われる。中立的（であるかのよう）なフレームのなかに封入する。それは、オブジェクトが主体的に退隠する＝引きこもるというよりも、退隠させる＝引きこもらせることであり、またそれは、商品としての〈パッケージング〉にも似ている。いみじくも長坂氏は、《円山町の部屋》について、「外界やそれぞれの建具の古さを消し去ることは難しく、まず、それをホワイトキューブに飾られた常設の絵として受け入れることにした」と述べるが、じつは肝要なのは、美術館＝ホワイトキューブ的な環境設定によって〈オブジェクトに固有の威力を封じ込める〉ことで

ある。そうすれば、オブジェクトへの安全な距離ができ、いわば〈オブジェクトの秘密に襲われる〉ことなく、鑑賞の対象にできるのである。

本稿は、マイケル・フリードの有名なミニマリズム＝リテラリズム批判「芸術と客体性」を念頭に置きながら書かれている。結局はいかなるモノでも、フリードが言うように「演劇的」に見られる状況設定がなされるならば、意味深なものとなるのだ。

ハーマンは、マニフェスト的な文章「関係をもたざる芸術」（"Art Without Relations," *Art Review*, September 2014）において、フリードの議論にひとつの介入を行っている。フリードの言う演劇性は、距離をとった対象化によって生じることであるが、ハーマンによれば、観者＝人間が他のオブジェクトと同列にオブジェクトとして並ぶような演劇空間をフリードは考えていないという。ハーマンにとってOOO的な芸術創造とは、人とモノがそれぞれ尽きせぬ秘密をもつオブジェクトとして並び立つ状態をつくることのようである。

しかし、フリード的な批判がハーマンの理論自体に当てはまる可能性が、ある面では否定できないと思うのである。

ハーマンの文章ではしばしば、オブジェクトの名前をただリテラルに羅列するという技法によって、それらの述定できない積極性を示唆するのだが、当然ながら文章全体がそういう羅列であるわけではなく、論述のあいまにいくつか任意に選ばれた

名前の列が挟まっている。この場合では、文体的なフレーミングがなされていると考えられる。あるいは、もし一冊の本がまるまる名の羅列であったとしても、一冊という有限性がフレーミングの役割を果たすはずである——〈まっ白〉な空間の一角に、雑多なものがうずたかく積まれているような状態として。こうしたオブジェクトのリテラルの放置が演劇的な対象化の視線を呼び込むことは、避けがたいと思うのだ。たとえそれが、人間を同列のオブジェクトとして参加させるための誘いとして書かれているのだとしても、その誘いの入り口の段階に演劇性がある、少なくとも演劇性を通過する段階がある。ならば、問題はその段階の通過が十分にできるのか、である……。

部分的均質化のテクニックについては、僕は自分の経験からして「あるある」という印象をもたざるをえない。例を考えてみよう。

たとえば、ファッション。ダサいものをピンポイントで活かすというのは、コーディネートの常套手段である。ダサい靴……たとえば、アシックスの運動靴っぽいスニーカーをどう使うかと考えてみる（アシックスは近年、モードの文脈に取り込まれつつあるけれども）。服を〈まっ白〉に統一してしまえば、成立しやすいだろう。対比的に、パンツは素材の良さが滲み出ているスマートなもの。上はラフにオーバーサイズのTシャツ。そのアシックスは、モード的に安心できる黒や白ではなく、部活風の紺にする。

あるいは、まっ白な大皿を二重にして、真ん中にちょこんとコンビニのサラダチキンをむしったものを盛ってみれば、フランス料理の晩餐のようになるわけだ。

音楽や映像はどうか。ありがちなJ-POPはダサいものであるとする。EXILEでもいいが、何か一曲をシーケンサーに読み込んで、どう「リノベーション」するかを考えてみる。まず、意味連関をバラしてしまおう。音声ファイルを「ハサミツール」を使って適当にブツ切りの断片にする——《Sayama Flat》では、バールでそういうことをしたわけだ。そして、諸断片をドラッグ・アンド・ドロップで左右に移動し、途中に〈空白〉を入れたり入れなかったりする。これだけでもそこそこ「アバンギャルド」になるだろう（映像で言えば、ゴダールの得意技であるショットの唐突な切り替えや、文字の挿入も、同じ原理での「かっこいい」ものである）。さらに、全体に薄くエフェクトをかけることで、一作品としての統一感を強めるというのもよくあるテクニックだ。たとえば、音を劣化させるビットクラッシャーを適度にかけて、〈全体にビットクラッシャー風なのだが原音もわかる〉ようにすることは、《奥沢の家》の外装での、白く塗りつぶしつつフロッタージュによって以前の質感を〈痕跡的〉に見せるというやり方に似ている（痕跡化のテクニックというのも、かっこよさを演出する定石としてある）。

などなどである。結局、こういうテクニックによって何が起きているのか。

ポイントは、〈まっ白〉や〈空白〉は部分的に導入するということだ。完全に美術館＝ホワイトキューブをつくるわけではない。いわば〈潜在的なホワイトキューブ〉がいたることでアドホックにオブジェクトをフレーミングするように仕立てる。わざと展示しているという印象を与えることなく、オブジェクトに「野生的」なテリトリーの権利を主張させつつも、同時に、二重に、じつはそれはホワイトキューブに入っているという状態にする。これは、動物園や水族館で流行りの「生態展示」を連想させる。

長坂作品では、ホワイトキューブ状態と野生状態との揺らぎが問題になっている。が、僕はどうしても、前者に偏った見方をしてしまう——正直に自分の好みとして、長坂作品はじつにかっこいいと感じる。まさしく潜在的なホワイトキューブをうまく機能させているがゆえに、と。そこで、次のように問いたい。安全性・避難可能性という論点について問いを提起したい。建築において、オブジェクトの野生の威力をもっと危険な程度にまで迫り出させ、かつ、作品を成立させることはできるのか？

ユーモア的に言えば、どこにでもありそうな折衷的な建売住宅で、大した企図もなく買い集められた家具や道具が生活感たっぷりに置かれている状態、その状態の機能的な意味連関を一時停止して、それをさまざまな他者性がぶしつけに林立する引き裂かれた空間として見る、というようなことが考えられるが、それは一瞬垣間見られる演劇空間にすぎない。本書所収の田中功起のテキストでは、何であれ見方しだいで興味深くなるということはあるにしても、それは「不安定」であり、その継続的な作動のためには「つくるひとによるあからさまにわかるような実践」が必要だと述べている。では、部分的均質化のテクニックではなく、オブジェクトに襲われるような状況を生じさせる「あからさまにわかるような実践」とは、どういうことなのだろうか（それがハーマンの考える演劇空間と同じなのかどうかは、今回は問い進めないことにしておく）。いや、そもそもそんな建築は、住みうるものになるのだろうか？

本稿において、ダサさ、違和感として言われていたのは、つまりは、他者性のことである。固有の背景をもつ他者＝オブジェクトを剥き出しで配置することに、居心地の悪さがある。それは、部屋に突然ゴキブリが出現することの恐ろしさ、不審者が入ってくることの恐ろしさである。あるいは、部屋の片隅にキノコが密集して生えていることに気づく、そんな場合である。これは、不定型なカオスへの直面ではない。他なる秩序が押し入ってくることの恐怖である。オブジェクトにどう直面するかという問題のひとつは、いかに異質な秩序によって殴られるか、ということである。この点で、

OOOの理論自体が、先ほど触れたハーマンの書き方からしても、曖昧なのである——潜在的なホワイトキューブ化による劇場的な「居心地」の確保と、他者＝オブジェクトの侵襲的な、レイプ的とさえ言えるかもしれない強い表れとのあいだで、言語建築物としてのOOOの理論自体が揺らぎを見せているように思われるのである。

　均質化とは、他者性のデコボコにやすりをかけるようにして、すべてをどこか似たものにし、交換可能にすることだ。それは、貨幣化である。近代的なホワイトキューブとは、すべてを貨幣化可能性の平面において並べる空間である。ドン・キホーテの店内がどんなに雑然としていても、すべてが商品であるという意味（の劇場）において、私たちは決してそこで恐れおののくことはない。それに対し、オブジェクトの野生化とはつまり、オブジェクトの脱商品化である——この点でも、OOOの理論は曖昧なのだ。結局、OOOが見ようとするオブジェクトの個体性、一個一個に区切られているということは、一回の商品取引に対応する、資本主義平面における〈パッケージング〉ではないのか。そういう疑いが首をもたげてくる。潜在的ホワイトキューブ化としてのフレーミングは、近代資本主義的なパッケージングではないのか……これは長坂作品についても言えることだろう。

　他方で、経済的交換ではなく、〈他者を他者として尊重するコミュニケーション〉があるというような倫理的な意見もあるかもしれない。だが、僕の読みでは、OOOはその種の倫理性に対して別の筋を開いているところが重要だと考えられるのである。一切のコミュニケーション可能性をもたないものの出会いならざる並置、相互の徹底的な疎外状態を考えること、これがOOOの問題提起であると僕は考えている。しかもそれは、個々がたんにエゴイスティックに存在しているということではない。エゴイズムというのは、他者を自らの支配圏へ引き込む、我有化することである。そうではないのだ。倫理的な関わりでもなく、暴力的な我有化でもない、絶対的無関係で隣り合っていること——その意味を問うことが、今日的課題としてたとえばOOO（やそれを含む「思弁的実在論」）において浮上しているように思われるのである。

　他者の交換不可能な固有性に、襲われる。他者の交換不可能な固有性が私を乗っ取り、別の秩序を植え付ける。それは、被搾取でもなく、歓待でも自己犠牲でもなく、無関係において無関係なのに私が乗っ取られることである。そのような経験が継続的にもたらされる建築は可能なのか？　そんな建築に住むという欲望をもつことは可能なのだろうか？　長坂常におけるオブジェクトの不気味さは、こうした問いを発しているのである。

建築的牢獄からの脱走——《SAYAMA FLAT》について

門脇耕三／建築構法研究者、明治大学専任講師

《Sayama Flat》の静かな衝撃

　長坂常による《Sayama Flat》は、2008年に唐突に発表され[※1]、当時の建築界では衝撃的に、しかし静かに受けとめられた、という感覚がある。その衝撃が「静か」だったのは、この作品についておおっぴらに語ることがはばかられる雰囲気がどこかにあったからであるが、そのような雰囲気が生じたのは、《Sayama Flat》がいくつものタブーを大胆すぎるほどに犯していると感じさせたからだろう。

　いきなり核心に触れれば、《Sayama Flat》が犯したものとは、機能性に裏打ちされた抽象的な建築表現にほかならない。白く塗装されたフラットな面で床・壁・天井が覆い尽くされた当時流行の建物を揶揄するかのごとく、《Sayama Flat》ではコンクリートの壁が補修もされずにむき出しにされ、ボードを留めつけていたモルタルダンゴの斑点状の跡さえ隠されることはないし、あまつさえ、床にも壁にも天井にも、それらの面としての幾何学的純粋性を損ねる異物がごてごてと取り付いている。その異物とは、背板が外され配管がむき出しとなったキッチンユニットや吊り戸棚、畳がどこかへと持ち去られたあとに残った下地合板、仕上げが剥がされた壁の窓に懸命に取り付く額縁と明かり障子、押入の痕跡とおぼしき枠と天袋の襖、などなどであるが、それらはかつて持ってい

ただろう機能さえ見失いつつあり、機能性に根拠を求める現代建築デザインの伝統もあざ笑う。その振り切れっぷりは小気味がよいといえる域にまで達しており、だから現状の建築デザインに対してなんらか嫌みを利かせた気配を感じさせることもないのだが、しかしこの異端の作品がデザイナー建築家による遊び心あふれるデザインなどとしては片付けられず、完成から8年以上過ぎた現在、なおも語られねばならない理由は、むしろ徐々に鮮明になりつつある。

「部屋（ルーム）」からの脱出

　その理由を説明するために、現代建築が堅持してきた抽象的な建築表現の起源について語らなくてはならないだろう。ここで鍵となるのは、建築における伝家の宝刀たる「空間」の概念である。ところが意外なことに、建築における空間なる概念が誕生した時期は19世紀末と新しく、これが世界の建築界に広く普及したのは、たかだか20世紀半ばごろのことにすぎない[※2]。空間とは、まさに近代のさなかに生まれ育った概念なのである。

　この建築における空間とは、端的には物質としての建物のネガティブを意味しており、建物によってかたちづくられる空気の固まりとしてイメージすることができる。この空気の固まりを人に正しく認識させるためには、物質としての建物の表面

——建物内部でいえば床・壁・天井——には極力凹凸があってはならず、そこから突起物は慎重に排除されるとともに、建物表面からもその物質らしさが剥奪される必要がある。図と地の関係でいう地の操作をもってして図を知覚させる、ゲシュタルト心理学の応用というわけだ。これが白くフラットな床・壁・天井の建築表現上の根拠であるが、そのようにして生成される一続きの整形な空間は、概念的にはどこをとっても同質な領域であり、したがって質的なゆらぎを起こさない純粋性を保持した、つまりは異物の侵入を許さない、排他的な領域でもあった。

建物の内部には一般的に、床・壁・天井によって閉じられた「部屋(ルーム)」ごとに、ひとつの独立した空間が生まれるが、この部屋(ルーム)によって定義される空間が純粋である場合、そこには単一の機能をあて込むことができる。つまり空間は、機能的な純粋性をも保持することが可能なのであり、空間によって形成される領域は、機能的にも排他的となる。そこで空間と機能は"抜き差しならない"関係性を取り結び、そのような部屋(ルーム)が、ドアなどの開口を介して連結することによって、部屋(ルーム)をモジュールとした空間—機能システムとしての建築が完成する。この意味でも、空間を根拠とした建築は正しく近代的であり、用途地域と呼ばれる土地利用目的が排他的な領域が連結して成立する近代都市や、子どもと大人、あるいは男女の境界を当

然視し、それぞれに排他的な役割を与えた上で連結する近代家族などと同様の発想にもとづくものと理解することができる。

したがって、純粋であるがゆえに排他的な空間によって構成される建物は、そこに与えられた定義を脱せないという意味で、建築的牢獄である。なお、誤解のないように断っておけば、近代建築が抱えた機能システム的な牢獄性は1960年代には批判にさらされることとなり、それ以降、空間—機能システムとしての建築を超越しようとする試みが積み重ねられることになるのであるが、一方で2008年ごろの日本の建築界は、多様な空間を単一の幾何学的形式によって生成できるとする考えに席巻されていた。このような考え方が発展した経緯の詳細は別稿に譲るが[※3]、たとえば1枚の壁を折ってできる襞状の房空間それぞれに、独自の大きさやプロポーションや光の状態を与え、異なる活動の場とするというような考え方であり、いずれにせよ「空間」が前提となっている以上、空間の地にすぎない建物の表面は、白くフラットな面であることが好まれることとなる。これこそが、2000年代の日本で忽然と花咲いたレイト・モダンとでもいうべき建築表現の正体であるが、そのようにして組み立てられる建築は、空間—論理システムとでもいうべきものであり、建物全体を生成する幾何学的な論理が単一であるという意味で、この建物によって定義される領域はその存在を

裏付ける論理の呪縛から逃れることができず、建物はやはり建築的牢獄性を遺憾なく発揮することになるのである。

このような観点からふたたび《Sayama Flat》を眺めてみると、この作品は、空間とその存在論理の"抜き差しなる"関係を回復し、建築を牢獄から解放する試みであった、と捉えられることだろう。というより、ここでは「空間」概念そのものが破壊されている。図としての空間の地にすぎなかった建物の構成物＝エレメントは、「空間」が破棄されることによって、ふたたび図へと反転し、機能性という論理さえ越えて、それぞれが独自の論理に裏打ちされた、堂々たる存在と化しているのである。ここで獲得されているのは、空気の固まりとしての領域——かつて空間と呼ばれたもの——のなかに、その存在の論理を違えるもの、つまりは「他者」がさまざまに存在することを許容する開放性である。加えて、それぞれのエレメントの存在論理には、にわかには理解しがたいどころか、枠と戸袋だけが残された押入のように、永遠に理解できないだろうものも含まれていて、《Sayama Flat》の異物たちは、その存在論理にアクセスできないという意味で、紛うことなき他者たりえている。この「他者」に対する開放性を図らずも備えることとなった《Sayama Flat》にあって、"自分がつくったものに誰かが手を加えているのを見て、はじめて嫌な思いをしなかった"という長坂の発言[※4]は、至極当然のものだというべきなのである。

論理的に透明な領域としての建築へ

《Sayama Flat》から8年後、2016年の建築作品誌を開いてみると、白くフラットな面の勢力はかなり弱まっており、とくに住宅については、下地があらわしとなったがちゃがちゃとした表現が増えていることに気付かされることだろう。こうした傾向は、おそらく2013年ごろから強まりだしたものであるが、《Sayama Flat》がタブーを犯していると感じられたころからすれば、ほとんど隔世の感すらあるといってよいほどである。こうした傾向が生じた要因として、白く抽象的な「デザイナーズ的」装飾をまとった投機物件のリーマンショック以降の減少、東日本大震災以来続く建設価格の高騰、所得の落ち込みや中古住宅流通の政策的テコ入れにともなうリノベーション市場の活性化なども挙げられようが、同時に、建物の開放性と、建物が建つ周辺への意識の高まりも関係していると見るべきだろう。

リノベーション前の《Sayama Flat》が、マンションの同じ住戸内に洋室と和室を抱え、一種の様式的混乱に陥っていたのと同じように、日本の都市も長らく様式的混乱に陥っている。そこで威力を発揮してきたものこそ、「部屋（ルーム）」的な発想に他なら

ず、それは閉じた排他的領域の内に、一種のユートピアを実現するものであった。

しかし、ひとたび周辺との連続性に意識を向ければ、閉鎖されたユートピア、あるいは建築的牢獄よりも、周囲にあふれる雑多な存在に対する開放性を志向せざるをえない。いうまでもなく、その「開放性」は視覚的開放性を指すのではなく、異質な存在論理に対する開放性である。建築行為を白紙(タブラ・ラサ)に対して行うものであるとは捉えず、都市の一種のリノベーションであると考えれば、それは《Sayama Flat》で試みられたことに近づいてくる。すなわち、異質な存在の群れのなかに、別の異質な存在の群れをオーバーレイさせるような行為として建築は捉えられることとなるのであり、そこでは"モノはひとつずつ独立して存在していて、それぞれがそれぞれとどのような距離をもつことが美しい状態を生むのか、その状態を編集していく"と長坂が表現するような[※4]、異なるオブジェクトのレイアウトの作法こそが問題となる。それは独立したオブジェクトの存在感の強弱のみを頼りにした配置作業であり、こうした建築設計は、夜空にいくつか新しい星を差し込んで、違った星座を描いてみせるような行為に近づいてくるだろうし、そこで建物が定義する単一の論理にもとづく領域はほとんど失われ、オブジェクトがそれぞれに定義する多数の領域の重ねあわせとなった建物は、論理的に透明化するのである。

ふたたび「檻の中」を越えて

こうした《Sayama Flat》の方法はどこか、作庭の方法論、とりわけイギリス風景式庭園のそれを思い起こさせる。イギリス式庭園は、イタリア式やフランス式の平面幾何学式庭園(ヴェルサイユ宮殿の庭園などを思い浮かべれば容易に想像がつくだろう)とは技法が大きく異なり、中国式パゴダやアポロ神殿、ローマ帝国の円柱といった具合に、ほとんど古今東西の様式の構築物をアイ・キャッチャーとしながら、それぞれが人工的自然と織りなす「絵のような」風景を散りばめるもので、道もフランス式庭園の見通し(ヴィスタ)の利く単一視点を前提とした直線状のものとは対照的に、うねうねと曲がりくねる。フランス式庭園では植栽までもが幾何学的構成にしたがって行儀よく刈り込まれていたが、イギリス式庭園において事物は統制的な原理から解放されており、そこでそぞろ歩きをするうちに出くわす多様な風景を、おのおの別の驚きをもって見せようというわけだ。この「驚き」を伴う多様性と不統一性を旨とする美学を「ピクチャレスク」美学というが、《Sayama Flat》で導入されているある種の美学も、ピクチャレスクの美学と通底するものを感じさせる。

ピクチャレスクの美学は、様式の混乱期にはつねに復活する。建築の歴史でいえば、あらゆる様式が相対化された新古典主義の時代に、やはりイ

ギリスにおいて建築表現と結びつく。《Sayama Flat》の場合は、部屋(ルーム)によって隠されていた様式的混乱が、壁が取り払われることによって暴露され、そこで「多様性と不統一性を旨とする」ピクチャレスクな美学が呼び起こされたと考えられる。ふたたび長坂の言葉を引けば、仕上げが剥がされた和室や洋室は、"「かっこいい」「美しい」という以前の「刺激的」"な状態、つまりは「驚くべき」状態へと至っているのである※5。

一方で、ピクチャレスク美学は蒐集の欲望と深く結びつくものであることに注意する必要がある。ピクチャレスク美学が最初に生まれた18世紀のヨーロッパは、東洋が「発見」された時代であり、イギリスの貴族の子弟のあいだでは大陸への大規模旅行(グランド・ツアー)が流行していた。そこで見つけてきた珍しいもの——風景でさえも——を蒐集し、所有するために発達したのがピクチャレスク美学なのであり、この欲望にもとづくかぎり、事物は額縁がはめられた絵画のなかの風景のように、あるいは檻に閉じ込められた外国の猛獣のように、もといた場所から引き剥がされて野生を失う。

しかし《Sayama Flat》では、そうした「飼い慣らし」がギリギリのところで回避されている。存在の機能的理由が不明な押入の痕跡は、かつては押入として、いまでは謎のオブジェクトとして、存在が連続しているという一点において正当性を保っているのであり、したがって《Sayama Flat》的方法には、時間的連続性、あるいはコンテクストの概念が不可欠ということになる。

現在の作品誌を彩っている「がちゃがちゃとした」表現の多くは、「白くフラットな」表現の単なる反動である感も否めない。《Sayama Flat》は、おそらくこうした表現の直近の起源のひとつであることに間違いはないが、これを見た建築家が、見慣れないものを蒐集して散りばめる誘惑に駆られれば、建築表現はふたたびマニエリスム的状況に陥り、牢獄は姿を変えてたやすく復活することだろう。《Sayama Flat》が示唆しているのは、その可能性と危うさ、両方についてである。

※1 《Sayama Flat》の完成は2008年1月であり、建築界に広く知られたのは『新建築』2008年8月号(新建築社)での発表を通じてであろう。
※2 エイドリアン・フォーティー『言葉と建築——語彙体系としてのモダニズム』(坂牛卓+邉見浩久訳、鹿島出版会、2006)
※3 門脇耕三「現代建築思潮の前線」(『10＋1 web site』Issue 201404、2014年4月、http://10plus1.jp/monthly/ 2014/04/issue05.php)
※4 長坂常、門脇耕三「長坂常インタヴュー——1/1、誤用、自由」(『10＋1 web site』Issue 201204、2012年3月、http://10plus1.jp/monthly/2012/04/11.php)
※5 ※4に同じ。

無関心なざわめき

浅子佳英／建築家、インテリアデザイナー

　本書は2009年に出版された『B面がA面にかわるとき』という長坂常の処女作品集の増補版である。今改めて振り返ってみると、この作品集が出版された2009年から現在（2016年）までの7年間は、多少大袈裟に書くことが許されるのであれば、長坂常の時代であった。ただ、さまざまな問題が重なり、現時点ではその事実はどの書物にも記述されていない。

　例えば、ここで取り上げられているマンションの一室の造作を「ほぼ」引き剥がした「だけ」でつくられた《Sayama Flat》は、竣工した2008年当時、一部では強烈なインパクトをもって受け入れられたにもかかわらず、当時はこれを作品と呼んでいいのか、設計といっていいのか、という批判も少なからずあった。しかしながら、その状況はこの7年の間に一変する。まず、引剥し系のリノベーションは、この国では（少なくとも建築メディアにおいては）主流の一角をなすようになっていった。『新建築住宅特集』では2011年以降リノベーション特集が毎年のように組まれるようになり、今年、若手建築家が「en」というテーマのもとに集まり、審査員特別賞を受賞したヴェネツィア・ビエンナーレ国際建築展に出展した作品の多くも、小さなリノベーション作品であった。さらにショップデザインにおいても、かつてのように世界中で同じデザインを反復する方法は近年なりを潜め、それぞれの場所や建物を活かしたリノベーションによるショップデザインが流行していく。結局、《Sayama Flat》以降、引き剥がしただけのリノベーションは作品なのかという議論はまともにされないまま、リノベーションはメディアでたびたび特集が組まれ、国際展で賞を取るまでになり、もはや既成事実として作品という枠組みに組み込まれていった。

　もうひとつ重要な事実として、長坂自身の仕事もこの間爆発的な拡がりをみせるようになる。2010年にオープンしたAesop日本初出店の青山店を皮切りに、《TODAY'S SPECIAL Jiyugaoka》、《Papabubble IN Yokohama》、《CABANE de ZUCCA Daikanyama》、《Blue Bottle Coffee Kiyosumi-Shirakawa Rostery & Cafe》など、さまざまなショップデザインを、独創的かつきわめて高い完成度で実現させていく。補足しておくとAesopは世界中に店舗を持つグローバルブランドだが、そのショップデザインは基本的にその場所ごとにデザインされておりすべて違う。また、Aesopはショップデザインにそれぞれの国の旬な建築家を起用することでも有名である。2010年とは《奥沢の家》が完成して間もないころであり、海外の（一部の）ブランドから見ればすでにこの時点での長坂の仕事が独創的であったことを証明している。

　ただ、ここでもやっかいなことに、その仕事は正当なかたちで評価されてこなかった。私事で恐縮だが、筆者は2012年から2014年までの3年間、

JCDデザインアワードという商環境を中心とする空間デザインの賞の審査員を務めていた。その間の長坂は、上述のようにきわめて高いクオリティの仕事をしているにもかかわらず、《タケオキクチ渋谷明治通り本店》の金賞を最上位にそれ以上の賞を受賞しなかった。その理由は言ってしまえば、審査員に先見の明がなかったということに尽きる。JCDデザインアワードは実質的にはインテリアデザイナーの賞であり、審査員の大半をインテリアデザイナーが占めている。そして、審査を通して痛感したが、インテリアデザイナーは建築家と違い、図面を読むという行為に重きを置かないため、ほぼ図面では評価しない。JCDアワードはパネルのみで審査する賞なので、審査員が図面を読まないとなると写真のビジュアルインパクトだけが審査を左右してしまう。そうなると、長坂のように、その場の質を丁寧に読みとり、さらにひとつの視点にデザインを集中させるのではなく、その場にあるさまざまなものが持つざわめきに着目する、いわば多焦点的なデザインは写真では捉えることが困難なため、JCDの審査ではきわめて不利なのだ。

このように、一方で、《Sayama Flat》というその後に流行する引剥し系のリノベーションの決定版をつくったにもかかわらず、まともに議論されないまま流行だけは広がりつづけたこと。もう一方で、《Sayama Flat》と《奥沢の家》以降につくられたさまざまなショップデザインにおいてきわめて重要な作品をつくり続けているにもかかわらず、正当なかたちで評価されなかったこと。このふたつの事実が、この間が長坂常の時代であり、それが記述されなかったことの大まかな経緯である。

では、ほとんど剥がしただけにすぎない《Sayama Flat》は実際のところ、作品たりえていたのだろうか。そして、その行為は設計と言えるものだったのだろうか。言うまでもないが、もちろん、現代におけるきわめてまっとうな作品であり、設計手法である。あらためて振り返ってみよう。

事実確認のため、まずは先行事例を確認しておく。リノベーションという括りでみれば外せない、古い民家を「ほぼ」真っ白に塗りつぶした「だけ」でつくられた《メゾン・マルタン・マルジェラ》(以下MMM)が2000年。現在に直接つながる引剥し系リノベーションの元になった作品のひとつである《パレ・ド・トーキョー》が2002年。そして、その6年後の2008年に《Sayama Flat》は完成している。

《MMM》は青木淳が『新建築』2001年3月号で丁寧に解説しているように、元は洋風住宅だった建物をファッションブランドのショップとしてリノベーションしたものであり、住宅だったときに使用していたであろう浴槽やキッチンなどをそ

のまま残し、ただ、あらゆるものをすべて真っ白に塗りつぶすことで、元あった意味を暴力的なまでに剥ぎ取ったものだ。たとえば、浴槽やキッチンの形状は見えてはいる。にもかかわらず、それが浴槽であったという意味は剥奪され、元の意味が漂白された狂おしく美しい空間になっている。そこにあった意味は見ない。ただものだけを見る。そもそも、マルジェラは服作りにおいてもそのようなリノベーション的なつくり方をしていた。青木淳の言うように《MMM》は、すでに存在しているものの上に新たになにかを創作するリノベーションというつくりかたのとてもクリアな例のひとつである。

《パレ・ド・トーキョー》は、パリ万博に合わせて1937年に完成した「近代美術宮殿」がさまざまな用途に改修された後、ラカトン＆ヴァッサルによって行われた現代美術館へのリノベーションであり、ここでは天井や間仕切り壁などの内装材を解体し、物理的に引き剥がすことで、空間をつくっている。予算が厳しかったこともあり、壁は塗装すらされないまま、柱や梁は剥き出しで生々しく削り取った痕が残っており、それがいわゆる美術館にありがちな威厳や堅苦しさとは無縁の独特の雰囲気を生み出し、美術館というよりも、まるで発掘現場のような開放的な空間になっている。また、全館を同時に完成させるのではなく、一部だけをリノベーションした状態でオープンしたことも相まっ

て（そのためいつ見てもどこかで工事しているような印象がある）、ここでは引き剥がしていることがそのまま見えること、完成させないことが開放感を生み出している。

そして、《Sayama Flat》は、両者とも少しずつ似ているが、わずかに、しかし決定的に違う方法でのリノベーションの試みである。たとえば、元あったものを引き剥がすことで空間をつくるという意味では《Sayama Flat》は《パレ・ド・トーキョー》に近いつくり方だと言える。ただ、《パレ・ド・トーキョー》では構造上必要なものを除いて、ほとんどスケルトンの状態まで削り取っているのに比べ、《Sayama Flat》では襖や障子、さらにはシステムキッチンの背面やユニットバスの裏側などの、いわば不純物が、空間の主要な位置にそれこそドンと鎮座している。

また、これらの不純物がそのまま空間に残されている、という意味では《Sayama Flat》は《MMM》に近いつくり方だとも言える。ただ、《MMM》ではそれらが同じ空間にある他のあらゆるものと同様に真っ白に塗りつぶされることで元あった意味が剥奪されていたが、《Sayama Flat》ではまったく逆に、それらの不純物は塗られることも、ましてや覆われることもなく、そのままの状態で放置されている。

さらに、前述の2例ではなく、そもそもリノベーションには「歴史のある蔵を残して改装する」といっ

た、元あった意味こそを残すというタイプのリノベーションがあり、実際にはそちらが主流である。そこでは、たとえば蔵なら、仕上げに漆喰があり、その下には土が塗られ、さらにその下には竹を編み込んだ下地があり、一番下には木の構造があり……というように、剥がせば次々と意味ある中身があらわれるため、それを活かした設計がされる。仮に削り取れば、切断面には擬似的に歴史が表現されるのだ。

ところが、マンションのリノベーションである《Sayama Flat》ではいくら剥がしても意味ある中身は出てこない。かわりに出てくるのは、ユニットバスやシステムキッチンの裏側や、中途半端に日本や歴史を想わせる襖や障子など、本来なら見たくない、意味が認められていない中身ばかりなのだ。そして、これらの不純物の扱い方こそが《Sayama Flat》が《MMM》とも《パレ・ド・トーキョー》とも決定的に違う部分である。《Sayama Flat》では、それらの不純物が空間内部において互いに無関心な──正確には逆位相の──完璧な状態に配置されることで、まるでノイズキャンセリングのようにそれぞれの声が掻き消され、ざわざわした、それでいてフラットな、奇跡的な状態をつくり出しているのである。

たとえば襖は、それを見れば誰もが襖だと分かる状態で残されている。塗られたり隠されたりはしていない。だから襖という意味は残されている。

そして物質としての襖も文字どおりそのままの状態で残されている。ただ、本来もっていた関係性は、意味という水準でも物質的な水準でも切断され宙づりにされている（26-27ページの浮かんだ襖を見よ）。この作業を床、壁、天井のように大きなものから、色、艶、さらにはキッチン、ユニットバスなどの細部にいたるまで、空間に存在するあらゆるものに適用し、すべてをバラバラの状態にしたうえで、さらに残されたもの同士の関係を、なにかが強すぎたり、弱すぎたりせず、それぞれの要素が互いに打ち消し合ってフラットになるように調整して、一つひとつの要素は際立った、それでいて全体としてはフラットな不思議な状態をつくり出すこと。モノの「意味」を丁寧に読み取り、と同時に、物質としてのモノの「状態」を入念に調べ上げたうえで、両者がなんとかギリギリのところで完全には崩壊することなく、しかしながら元の「意味」とも「状態」とも違ったなにか別のものとして自立し、さらにそれらが打ち消し合って空間全体としてはフラットになるわずかな接点を探し、意味としてのモノと物質としてのモノを削り取っていくこと。いわば《Sayama Flat》はハリボテの発掘現場のようなものだ。ハリボテといえども重力のある物理世界に存在している以上、なにかしらの構造があり存在している。そして、複雑で多様な意味はそこら中に転がっている。

「西洋の、そして和風の粗悪な劣化コピーでしか

ないダサくてどうしようもない現実を直視した上で、どうやって現代的で解放的な空間をつくることができるのか」。

　考えてみれば、この国にいる以上逃れられないこの問題に正面から答えた《Sayama Flat》が作品でなければ、この国にはほかになにも残らないだろう。

　また、思えば、スケルトンの、剥き出しの裸の表現はモダニズム以降の建築家にとって十八番であった。ただ、長坂は、それをより現場主義的な、生々しく現実に即したかたちに還元させた。まるで、先人たちの裸の表現は結局のところスタイルでしかなかったとでも言うように、泥臭く徹底してモノの次元にとどまり続けることで、ざわめきにあふれた、だからこそフラットでその後に入ってくる人や物を許容するプラットフォームになりうるのだという新たな可能性を、ありふれたマンションの一室から掘り出したのである。

　そして、このことはその後の長坂が商業空間において爆発的に仕事が増えたこととも符号が合う。多焦点的なつくり方は、ビジュアル的なイメージだけが先行するショップには合わないが、現実にモノを売るショップの設計とは相性がいい。というのも、商業空間では客の滞留時間が長ければ長いほど、売上げは伸びると言われている。そしてショップもまた商品というコンテンツを売るためのプラットフォームであるという面が少なからずある。そ

れぞれの場所に違った魅力があり、それでいて全体としてはフラットな長坂の空間は、ひとつのカットで空間が把握できてしまうデザインよりも、よほどショップには向いているのだ。ひとつの商品だけを売るショップならいざ知らず、さまざまな商品を扱うショップではとくにその傾向は強い。そこにどこかで気がついているからこそ、これだけさまざまなブランドが彼に依頼し、そして長坂も十二分に応えることができているのだろう。

　さて、『B面がA面にかわるとき』の旧版から7年が経ち、例えではなく、文字どおりB面はA面になった。リノベーションはこの国にも定着しつつあり、その場の質を丁寧に読み解く設計も普及しつつある。ただ、百貨店やショッピングモールなどのショップデザインを入れるインフラのデザインはまだまだそのような考えが導入されることなく、いわばA面による再開発だけがいまだ続いている。もちろんその大半は変わらないし、必要もないのだろう。ただ、そのうちのひとつぐらいは未完成のモールやつくりかけの百貨店があってもいい。そして、バラバラなものを許容する長坂のデザインは、本来的にはこのような巨大な空間でこそ本領を発揮するはずだ。

　今度は、巨大なA面が軽やかにB面へと変わり、裏と表が混じり合った新たな開発が生まれることを心から待ち望んでいる。

あるとき、僕の最近の仕事にタイトルを付けなければならない機会があり、漠然と"普段"という言葉を見つけてきた。

"普段"
"普段"は、本来"不断"と書く。不断の"耐えないこと""いつまでも続くこと"という意味から、"いつもの状態であること""日頃"の意味が派生し、現代では当て字で"普段"と書かれることが多くなった。
建築において"不断"という言葉は想像しやすい。
"シームレス"だったり"ユニバーサル"だったり。具体的な形がすぐに頭に浮かび目的が共有できる。
だから、まずい。
記号的に捉えられることから、その記号さえ抑えればよいといった野蛮な話になりかねず、場合によって自らの計画の"記号的わかりやすさ"を理由に、境界を越したそれに当てはまらない周辺こそが間違っている錯覚に陥ることすらあるから気をつけたい。

やはり、建築においても"普段"がほしい。

建築で言うならば既にそこにある状況を指し、境界による塀や段差もすでに存在する日常の風景のことをいう。
決して改めて平らにする行為を指すものでもなければ、具体的な形態を指すものでもない。
建築における"普段"は個々に立つ位置によって当然かわり、一定ではないものを指す。
そして、この半世紀、暴力的につくられてきた、既に身の回りにある町並みをも引き受ける視点こそ必要と考えている。さらに、"普段"という言葉にその継続をも含むとするならば、当然、あらためて作ることもあるだろう。

建築における「普段」

One day I was looking for a title of a recent work and came up with a Japanese word "fudan."

"Fudan" originally meant 'no end' or 'everlasting': it used to be a word referring to the future. But now the word means 'ordinary' or 'everyday': it is a word referring to the present.

I think that 'no end' or 'everlasting' condition in architecture would be interpreted as 'seamless space' or 'universal space.'
That is why it is not a good idea.
Since they are interpreted symbolically, some might be ignorant enough to think they only need to serve as symbol: we need to be careful not to focus too much on symbolic clarity of our plan, and remember not to regard the surrounding neighbors as wrong by believing too much on "symbolic clarity" of our own plan.

So we need "fudan" or 'ordinary' or 'everyday' conditions in architecture.

What I mean by 'ordinary' or 'everyday' condition, it addresses the existing buildings and the environment, and a view of everyday life in the streets. They were not made out of 'creative action', nor designed with some strong intention.

'Fudan' is an ever-changing condition, and its meaning or physical form will constantly transform according to one's viewpoint. People had violently built up buildings and infrastructure, and broke apart the natural landscape of our country during the former half of the 20th Century. . Now is the time for us to accept the existing environment, and try to transform it for the better future. In this effort I would like to think about 'fudan' in architecture.

"Fudan":
ordinary, everyday / no end, everlasting

ながらく、世田谷区下馬、自宅近くの2階建ての2階の雀荘あとで事務所を構えてきた。その付近はいわゆる住宅街で、近くに世田谷公園もあり環境の良いのどかな地域だ。でも、流石に設計活動中にそののどかな中に求めるものは少なく、結局のところ近所のセブンイレブンとの行き来に1日が終わっていた。

その頃を思い出すと外界からの情報として、インターネット、ラジオ、打ち合わせを済ませて外から帰ってくる人からの話、あとはセブンイレブンで雑誌から得る情報くらい。テレビよりも少ないチャンネルで外の情報を得ていた。つまり、外界とのかかわりが少なすぎて何か取り残された感じと、チャンネルによってその間の情報の断絶が妙な不安となっていた。そして、建築も地つながりなものでなく、建築界という抽象的な世界の建築を指して建築といっていた気がする。

それで経済的メリットは何もないのに、家賃が高くなる"街"そして"路面"という場所を求め、中目黒近辺で事務所探しを始めた。半年かけて見つけたのが今の《happa》のある場所だ。もともとは運送屋の倉庫兼駐車場兼事務所として使われており、サッシからつくりリノベーションした。その場所を現代アートギャラリーの《青山|目黒》、この本の中で取り上げる多くのプロジェクトで協力してもらっている特殊塗装の《なかむらしゅうへい》、後にアパレルデザインの《Carroll Gardens Works》を加えた異色の組み合わせでギャラリースペースを共有している。ガラスばりのスペースで目の前を駒沢通りが走り、絶えず"見る""見られる"の関係が生まれる。つまり、既にそこにはチャンネルがない。地つながりに街と関係し、視界の範囲だけでも相当な情報量が錯綜する。このリアリティが必要以上に世界を大きくも小さくも捉えさせず僕たちを健全にさせている。

また、デザインにおいても新しい体験をした。当然、予算が限られている上、《happa》は広く、色を塗るか塗らないかは予算に影響した。そのせいで初めて色を塗るか塗らないかということの判断に頭を悩ませた。まず、塗らないでよいという判断は普通クライアントからは出ない。下手すると自分の頭の中では最初から白に塗られている。白じゃないものというのはその上にかぶせるか、その上に塗り重ねる感覚だった。ただ、《happa》には"塗らない"という選択肢を基本と考える《青山|目黒》の青山さんがいて、塗ることをプロとしている《なかむらしゅうへい》がいた。そのため、例え白でも塗る場合には塗る意味をいちいち考える必要があり、説明を必要とした。その経験はその後のプロジェクトに大きな影響を与えた。そして、ここでのセルフビルドも《Sayama Flat》への良い準備体操となった。

追記
そこから7年3ヵ月後、出張の間に《happa》からカプリース青山にオフィスは移っていた。急に仕事の引き合いが増え、もともと5人だったスタッフが7人になり、半年も経たないうちにさらに3人加わるころ、どうあがいても人も物もおさまりきらないことを察し、あわてて知人などに相談を持ちかけたものの、なかなか話に進展がなく、いよいよ出張を間近にし、不意に入った不動産屋で次のオフィスは決まった。デザインするうえで環境は大事で、この環境が何をわれわれにもたらすのかがまた楽しみだ。1年経ったが、まだその成果は感じとれない。

For long time I had my office in an old building, which was originally majong-parlor, near my home in Shimouma, Setagayaku. It was a quiet residential area with pleasant environment near Setagaya Park. But too was too quiet and not many exciting things happening there, and I used to spend my days going back and forth between office and a nearby convenience store. During that time my source of information was limited; internet, radio, conversation with colleagues at the office, and maybe reading some magazines at convenience store. There were much less 'channels' than TV. I couldn't help feeling detached from the outside world in a way. And same for architecture, I regarded architecture not as something real, but as some abstract and special existence created by the closed circle of 'big' architects.

I decided to escape from there, and started searching for a ground floor office facing big street near Nakameguro. After six month of search I found this place. It had been a storage/garage/office of home delivery business. We renovated the interior space and replaced existing façade with new windows and frames. Share-members of this gallery space are all from different fields; contemporary art gallery owner Aoyama Meguro, Shuhei Nakamura, who is a specialist in architectural painting (he has been my great collaborator in many projects,) fashion design office 'Carrol Gardens Works' and my office Schemata. Through large glass façade we are visually connected with Komazawa Dori Avenue. No more switching 'channels,' we work directly face-to-face with live street activities and flood of information in the city. It keeps our minds real and healthy to be in direct touch with the city.

This happa project gave me new experiences in terms of design. Our budget was extremely low, and floor area was rather big, so we had to decide whether we should paint it or not. Usually no client would want it unpainted. And architects tend to prefer white-painted space. And maybe they think of adding color on white base.

But in this project, we had totally different opinions. Mr. Aoyama wanted it unpainted, but Shuhei Nakamura, the professional architectural painter, had other ideas. So I had to seriously think about this paint problem. I repeatedly studied and explained my painting scheme to the members. It turned out to be a good experience for my later works. And this self-building experience turned out to be good training for "Sayama Flat."

Postscript
Seven years and three months later, our office moved to Caprice Aoyama from happa, while I was away on a business trip overseas. At that time, we suddenly started getting an increasing number of design commissions: the number of staff rose from five to seven; and when three more members joined, I finally realized the office could not accommodate any more people and things. I desperately consulted some of my acquaintances to find a new place in vain; and one day, right before my business trip, I rushed into a real estate agency without thinking and somehow found this office. Environment greatly influences the design, and I am looking forward to seeing how this environment influences our design. A year later, I haven't noticed much of a change yet.

N：畠中君がきて初担当だったわけだけど…。
H：初めて顔出してその日に「1ヵ月後に引っ越すからそれまでに完成させておいて」ってこれくらい軽く振られましたね。
N：そうなんだ（笑）。
H：実はこの時点でおおまかなプランは決まっていて、僕は詳細を詰めるのと工事の段取りが主な仕事でした。
N：完全に監督だったもんね（笑）。では意匠については悩むことがなかったと？
H：いえ、やはりそのなかでもいくつかあったのだけど、一番印象的だったのが当初造作部分の仕上げがラワンベニヤだったことですね。
N：へー、そうなんだ。「青山さんはOSBがいい」といっていたから、そのままOSBに決まったものと思っていたけど、違ったんだね。
H：もちろん、それがきっかけですが、僕たちはその話を「ホワイトキューブではない」ということと「ローコスト」ということに勝手に読み替えていました。そのうえで、OSB、MDF、針葉樹合板、ラワン合板の4つの選択肢で迷っていたのです。僕はビスが目立たないという理由と仕上がった感がある点で、OSBと針葉樹合板を候補としてあげ、長坂は塗っていないという物足りなさをそのまま感じ取れるラワンベニヤとMDFを選んでいましたね。
N：へー、見事に対立しているね（笑）。
H：当時僕はラワンだけはオフィス、ギャラリーの仕上げとしてありえないと思っていましたね。仮設の掘っ立て小屋みたいになってしまうだろうって。
N：僕が印象的だったのは長坂から「安い素材を使うからこそ精度が必要だ」って言われたことかな。これはきちんと作ってあげればラワンでも十分見せられるものになるというどっか確信があったからだと思うんだけど。
H：なるほどねー。僕は仕上げの高級感とかかっこよさというのは素材でほぼ決まると当時思ってましたね。これはいかんとも逆転しがたいことだと。
N：へー、でも最終的にOSBになってるけど、なんで？
H：実は木材をホームセンターに買っている最中に長坂から電話があって「やっぱり不安だから、OSBにしてくれ」って（笑）。
N：なんだ（笑）。当時はそれほど確信あったわけではなかったんだ。

happa

なかむらしゅうへい（中村塗装工業所）× 畠中啓祐（元 スキーマ建築計画、現 畠中啓祐建築設計スタジオ）

H：今回はフロッタージュの話ですね。こちらが注文をしたとき、その仕上げは想像できた？
N：できるわけねーじゃん（笑）！フロッタージュは知ってるよ。けど、どんなものを作ってほしいか、つくれるか全然わからなかったね。だいたい畠中君はわかってたの？
H：全く（笑）。長坂がいう「立体的なレンガを平面に置き換える」という響きには可能性を感じた。けど、でき上がりは全然想像できなくて、ついつい弱気の選択をしていたね。
N：例えば？
H：「やっぱ白で塗るのだけ」とか、フロッタージュの色を選ぶときも、ベースの白と差がつきにくい薄いグレイを選んだりとか。
N：確かにそうだったね。いつも、一度決定した後に、長坂にダメだし喰らって「もっと濃く」って返ってきたもんね。
H：でも、ホントこれは想像できなかったよ。ところで、しゅうへいさんは、そのとき、長坂が想像できていたと思う？

N：いやあ、どうだろうね。できてはいなかったんじゃないかな。でも、陥ってはならない方向性はいつも言っていたけどね。例えば、「エイジングにしない」「塗っている人の手の長さが想像できてしまうストロークは見せない」「もっと濃く。強気で」とかね。でも、「ここをめざせば大丈夫」というような話は流石になかったね。だって「これがかっこよくできたらかっこいいんだよ」と勢いに飲まれてその時は納得していたけど、今、冷静になると怖いこと言っていたもんね。
H：そうだね。裏を返せば「これがかっこ悪いものになったらかっこ悪い」ってことだからね。
N：だから、長坂は珍しく今回は現場によくいて、まだ見えない答えを必死に見つけようとしていた気がする。途中、言っていることが意味わからなかったときもあったし、10分前に「勢いよく、ランダムに」と言っていたかと思うと高安さんの単調な仕事を見て「あれがいいなあ」とか言い出したり。今回は珍しくいっちゃってたね。
H：あー、そうなんだね。
N：そういえば今回階段の色とかにこだわっていた

奥沢の家

なかむらしゅうへい×畠中啓祐

みたいだね。塗装の人間としては気になるところなんだけど。

H：最初、僕が選んだ色は階段がクロカワにクリア。風呂の扉が錆止めグレイのようなもの。ブラインドもそれにあわせてグレイ。窓の枠も既存のこげ茶のまま。というものでした。
そしたら、長坂から「この場にとっていい色を選べ」と言われたんだよね。最初は「なんで？」と思ったよ。だって、2階は天井あらわしだし、壁はベニヤ。だから、コンセプトとして「無垢」に決めてそれにあわせて決めれば良いと思っていたんだよね。錆止めグレイもグレイという色のイメージより、錆止めという素材っぽさがあるでしょ？だから錆止めグレイを選んだり。

N：へー。でも、それに似たことは前にもあったかも。《happa》のサッシのとき、「グレイにも色があって、その色を選ぶんだ」って言って、あの少し緑っぽいグレイを選んでいた。

H：そうだったね。どちらかというと建築の人は色を公然と使うことをどっかタブー視しているところがあるんだよね。鉄は鉄らしく。木は木らしく。素であることに安心するというか。僕はこのルールに守られていることで得られる安心感を頼りに色を決めていたんですね。
で、結果、あの色になったんだけど、今回は周りとの関係をみて沢山ある色のなかからほんと主観的に色を決めたんだよね。「ただの色合わせじゃん」といわれるかもしれないけど、結構時間かけて選んでたら、段々そのなかでも理由が見えてきて選ぶ根拠が定まってくるんだよね。

N：つまり、「無垢」というのはサボりだね。

H：そういわれるとそうだね。色を見る前から理由を探していたんだろうね。
しかし、そういう、弱気な判断をしているとすぐ長坂に怒られる（笑）。

N：そうそう。そういえばこの前、長坂が言っていたけど、畠中君の意見を否定していると良いアイデアがでてくるって。

H：……。

H：これも随分な無茶ぶりから始まりました。「明日から現場行って解体工事しながらデザイン考えてきて」って。

N：実はそれ以前にはプランしきものがあったって聞いたけどどんなんだったの?

H：なにもないプレーンなワンルームですね。ただし床はフローリングでちゃんと仕上げられていた。ここに家具としてキッチン等を買ってきて置けばいいんじゃないかと。建築側としてはプレーンな一室空間をつくって機能は安い家具をアレンジしてこれで満たしてしまおうと。

N：それでも予算と折り合わず、バール片手に1人現場にいくはめになったと?

H：そうですね。当時の手帳を見ると…6月8日が初日。この日はさすが手が動かなかったですね。「どうしよう」って。このとき既に壊すだけでできる改修をするといわれていたけれど、それは言葉のあやで、やはり仕事として考えるとなんらかの仕上げが必要になるだろうと。そうすると予算とあわない。

N：壊すことをしにいったのに、作ることを考えていたと。

H：そうですね。他の仕事はさんで次に入ったのが6月12日。この日はつくりを確認するために開き直ってちょこちょこ壊し始めました。

N：この頃は壊し方もかわいいねー。

H：おっかなびっくり。そして翌日が最初の現場打合せだったのですが…。

N：畠中君ことごとく否定されていたねー、長坂に(笑)。

H：1日中「なんで?」って感じでしたね(笑)。

N：確かひたすら部屋の構成を作ろうとしていたよね?「ここの和室を残す」とか「ここにキッチンを移動してアイランド型にする」とか。

H：そうですね。その頃は雑誌でよく見るデザイナーズマンションのイメージに洗脳されてましたね(笑)。ところでしゅうへいさんは半ばもう1人の設計者のような立場でこの現場に入ったけど、当初何しようとしていたんだっけ?

N：当初は、ちょっとした塗装で何か面白いことできないかくらいで現場に入ったんだけど、実際現場に入るとついつい塗ることばかり考えていたね。だけど現場での打ち合わせのとき、クロスを剥がした裏紙の模様が面白いことに気づいたんだよね。

H：あー、そうだったね。

N：このときに、塗ることよりも解体で出てきたテクスチャも1つの仕上げだって意識してきたね。それ以降、僕の仕事は、それらをどの程度荒々しく放置していいかを考えることになった気がする。例えばボンド跡だけど、まんまだと延々と白い粉が落ちる

Sayama Flat

なかむらしゅうへい×畠中啓祐

からそれを適度に削り、ある程度固まりで落ちなくなって、その上からクリア塗装をし、服に付かないようにしたりとかね。

H：しゅうへいさんにまつわる印象的な話がもう1つあって、405で和室の押入やら廻縁やら撤去していたら、いかにも和室の壁紙だった緑の壁紙を「ただのモスグリーンの壁紙に見えてきた」と。これは「なるほどなー」と思いましたね。たしかに周りとの関係性がなくなると、そのもの本来の性格に気付く。当たり前のことのようだけどそれに気付かないでいることが多いんだよね。

N：うん。そういうちょっとの操作で見え方が変わって、その見え方を獲得した瞬間にめざすべき方向性が一気に見えるみたいなことは結構あったね。

H：そうだね。そこが面白かったね。

N：ところで、畠中君。そろそろ例の話をしたら？

H：え、401の話？ 未だにネタにされてるねえ（笑）。

N：そうそう、キッチンの背面をステンレスで仕上げた例のヤツ！ なんでわざわざ塞いだの？

H：普通はキッチンの配管や下地丸見えなんてありえないでしょう！？

N：なるほど（笑）。じゃあなんでステンレスなの？

H：いや、ほら今風なマンションのキッチンみたい…でしょ？

N：ほー、それでステンレスで仕上げたと？

H：…実はステンレスは予算上厳しくて、あれはアルミなんですけどね…。

N：うわ、薄っぺらい贅沢だなー（笑）。

H：もー勘弁してください（笑）。

H：ところで初のエポキシコーティングだったけど、あれはそもそも階下への音の問題、脆くてはがれてくるモルタル床への対策としてはじまったんだよね。

N：そうね。その効果はあまりなかったね。でも、N社長もわかっていたけど、そこには触れず、可能性を感じて採用してくれたんだと思うけどね。

H：そうですね。

N：ところで、コーティングした後現場の写真送ったとき、皆見事に返事がなかったねー。

H：いやー、ほんとになんてコメントしたら良いのかわからなくて（笑）。あんまりにも異質だったから。《happa》では皆「見た？ あれってかっこいいんだよね？」って互いに確認しあってましたね。

N：なんだよ、寂しいなー（笑）。こっちはうまく施工ができて興奮して送ったのに。

H：皆が口そろえてかっこいいと言えたのは、モデルルームの家具を置いたときですよ。

N：確かに。

あとがき

この本の旧版が出た2009年はこれからたくさん住宅の依頼がくるものと楽しみにしていたのに、結果、それから2015年7月の《つつじヶ丘の家》、8月の《鳩ヶ谷の家》の連作まで約6年間、住宅の発表の機会は訪れなかった。それは僕がこの本のなかで悩んだようにきっとお客さんも悩んでいたのであろう。たしか、その《鳩ヶ谷の家》の奥様をタワーマンションからこの改修に気持ちを変えさせたのも紛れもなくこの本で、そして、《つつじヶ丘の家》の施主はここで新たに寄稿してくださった門脇耕三さんであり、そんな皆さまの深い理解と愛のおかげで再刊にこぎつけました。どうもありがとうございました。引き続きよろしくお願いします。

長坂 常

追記
奥沢の家の施主のSさんですが、2017年にめでたく結婚され、お子さんまで授かったようです。8年目に目標達成です。おめでとう。

Afterword

When I published this book in 2009, I was full of expectations that we would start getting many residential design commissions soon. However, such opportunity didn't come for six years – until 2015, when we finally completed House in Tsutsujigaoka in June and House in Hatogaya in August. I have a feeling that our clients must have been looking for answers till then – which was exactly what I had been doing when writing the book. The wife of House in Hatogaya actually decided to renovate the house instead of buying a high-rise luxury apartment after reading it; and Professor Kozo Kadowaki, the client of House in Tsutsujigaoka, contributed a new essay for it. This augmented edition would not have been realized without the understanding and love of all those who have supported us along the way. I would like to extend my sincere gratitude to you all. Please stay updated on our progress.

Jo Nagasaka

Postscript
I heard great news that Mr. S, the owner of House in Okusawa, got married in 2017 and now a father of a baby. His goal was accomplished after 8 years. Congratulations!

長坂 常（ながさか・じょう）

建築家、スキーマ建築計画
1998年、東京藝術大学卒業直後にスキーマ建築計画を設立。2007年に中目黒に設立したシェアオフィス《HAPPA》を経て、現在は千駄ヶ谷にオフィスを構える。
仕事の範囲は家具から建築まで幅広く及び、どのサイズにおいても1/1を意識した設計を行う。国内外でジャンルを横断して活動の場を広げる。日常にあるもの、既存の環境のなかから新しい視点や価値観を見出し、デザインを通じてそれを人びとと共有したいと考えている。
http://schemata.jp

おもな建築作品に、Sayama Flat（2008）、FLAT TABLE（2008）、HANARE（2011）、ColoRing（2013）、ブルーボトルコーヒー清澄白河ロースタリー＆カフェ（2015）、桑原商店（2018）、お米や（2015）、DESCENTE BLANC OSAKA（2015）、HAY TOKYO（2018）、東京都現代美術館サイン什器・家具（2019）、武蔵野美術大学16号館（2020）など。

Jo Nagasaka / Schemata Architects

In 1998, Nagasaka established Schemata Architects after graduating from Tokyo University of the Arts. In 2007, he co-established a shared office "HAPPA" in Nakameguro. Currently, he has an office in Sendagaya in Tokyo.

Nagasaka's design approach is always based on 1:1 scale, regardless of what size he deals with. As a designer, he hopes to explore new perspectives and values out of ordinary things and existing environments, and share them with others through design.
http:// schemata.jp

WORKS Architecture:
SAYAMA FLAT (2008), FLAT TABLE (2008), HANARE (2011), ColoRing (2013), Blue Bottle Coffee Kiyosumi-Shirakawa Roastery & Cafe (2015), Kuwabara Shoten (2018), OKOMEYA (2015), DESCENTE BLANC OSAKA (2015), HAY TOKYO (2018), Signage and Furniture Design for the Museum of Contemporary Art Tokyo (2019), Musashino Art University No.16 Building (2020).

写真 Photographs

太田拓実
Takumi Ota
011, 012-013, 017,
024-025, 026-027, 029,
030-031, 032, 065,
066-067, 068-069,
070-071, 104, 105,
106-107, 108, 109,
110-111, 112, 129,
130-131, 132-133, 134,
135, 136, 137, 138-139,
140, 141, 142-143, 144,
161, 162-163, 164-165,
166-167, 168-169,
170-171, 172-173,
174-175, 176

スキーマ建築計画
Schemata Architects
009上, 015, 019, 020-021,
023, 042-043, 048-049,
072-073, 074, 075, 076,
077, 078, 079, 080, 097,
098-099, 100-101,
102-103, 113

木奥恵三
Keizo Kioku
009下

打越 誠
Makoto Uchikoshi
178-179, 183

翻訳 Translation

坂本和子
Kazuko Sakamoto

Acknowledgewents to

Hideki Aoyama
Keiko Oyama
Kanako Sato
Daisuke Motogi
Takashi Kudo
Yoshihiro Horii
Masayoshi Nakamura
Ayumu Kanai
Nobuyuki Fukui
Takaaki Mitsui
Hiroshi Futaki
Noriaki Fujii
Tetsuo Hosokawa
Kimiaki Ashino
Masahiro Nozaki
Ken-ichiro Watanabe
Izumi Okayasu
Kouji Wada
Tae Odamaki
Yasuko Takamatsu
Yuki Okumura
Katsura Hiratsuka
Yoko Umezawa

B面がA面にかわるとき［増補版］

2016年9月20日　第1刷
2023年6月10日　第3刷

著者　　長坂　常
発行者　新妻　充
発行所　鹿島出版会
　　　　〒104-0061　東京都中央区銀座6-17-1
　　　　　　　　　　銀座6丁目-SQUARE 7階
電話　　03-6264-2301
振替　　00160-2-180883

デザイン　尾原史和（SOUP DESIGN）

印刷　　三美印刷
製本　　牧製本

ISBN 978-4-306-04642-9 C3052

© Jo Nagasaka, Jun Aoki, Koki Tanaka, Toshiki Okada,
Masaya Chiba, Kozo Kadowaki, Yoshihide Asako,
Shuhei Nakamura, Keisuke Hatakenaka

Printed in Japan

落丁・乱丁本はお取り替えいたします。
本書の無断複製（コピー）は著作権法上での例外を除き禁じられています。また、代行業者等に依頼してスキャンやデジタル化することは、たとえ個人や家庭内の利用を目的とする場合でも著作権法違反です。
本書の内容に関するご意見・ご感想は下記までお寄せ下さい。

URL : https://www.kajima-publishing.co.jp
e-mail : info@kajima-publishing.co.jp

When B-side becomes A-side
(revised and enlarged edition)

3rd Published in Japan, 10 June, 2023
By Kajima Institute Publishing Co., Ltd.
Ginza 6-chome Square 7F, 6-17-1 Ginza,
Chuo-ku, Tokyo 104-0061, Japan
Tel. +81-3-6264-2301

Author: Jo Nagasaka
Design: Fumikazu Ohara
Publisher: Mitsuru Niizuma

本書は2009年6月に大和プレスより刊行された同名書籍を再編集し、新たに千葉雅也氏、門脇耕三氏、浅子佳英氏によるテキストを加えた増補版です。再刊に際し、これをご快諾下さった大和プレス、ならびに同社佐藤辰美氏に心より感謝申し上げます。（編）